粤港澳大湾区建设研究丛书

粤港澳大湾区
教育发展研究

YUEGANG'AO DAWANQU JIAOYU FAZHAN YANJIU

李海滨　于茗卉　著

华南理工大学出版社
SOUTH CHINA UNIVERSITY OF TECHNOLOGY PRESS
·广州·

图书在版编目（CIP）数据

粤港澳大湾区教育发展研究 / 李海滨，于茗卉著. —广州：华南理工大学出版社，2021.1
（粤港澳大湾区建设研究丛书）
ISBN 978-7-5623-6521-1

Ⅰ. ①粤… Ⅱ. ①李… ②于… Ⅲ. ①高等教育-发展-研究-广东、香港、澳门 Ⅳ. ①G649.286.5

中国版本图书馆 CIP 数据核字（2020）第 214608 号

粤港澳大湾区教育发展研究
李海滨　于茗卉　著

出 版 人：卢家明
出版发行：华南理工大学出版社
　　　　　（广州五山华南理工大学 17 号楼　邮编：510640）
　　　　　http://www.scutpress.com.cn　E-mail: scutc13@scut.edu.cn
　　　　　营销部电话：020-87113487　87111048（传真）
出版策划：卢家明　柯　宁
策划编辑：王　磊
责任编辑：王　倩
责任校对：詹伟文
印 刷 者：广州市人杰彩印厂
开　　本：787mm×960mm　1/16　印张：11　字数：192 千
版　　次：2021 年 1 月第 1 版　2021 年 1 月第 1 次印刷
定　　价：68.00 元

版权所有　盗版必究　　印装差错　负责调换

前　言
PREFACE

2019年2月，中共中央、国务院印发了《粤港澳大湾区发展规划纲要》，粤港澳大湾区正式作为中国一项重要的国家经济发展战略被提出，它以建成世界一流湾区为目标，通过创新经济的阶段性定位，完成中国创新科技的跳跃性发展。"粤港澳大湾区"以"9+2"的城市群（广州、深圳、珠海、东莞、中山、佛山、惠州、江门、肇庆和香港、澳门两个特别行政区）来拓展经济发展新空间，占地5.65万平方公里（占中国领土的0.6%），总人口约7000万（占全国人口的4.9%），是中国最大的区域性城市群。2018年"粤港澳大湾区"的GDP约为1.38万亿美元，约占全国经济总量的13%，经济发展基础雄厚，且已形成世界级企业的汇聚。可以说，粤港澳大湾区拥有与纽约湾区、旧金山湾区、东京湾区并肩的发展潜力，是我国综合实力最强、开放程度最高、经济最具活力、最具发展潜力的区域之一。

目前，"粤港澳大湾区"正在寻求从投资主导型向创新驱动型增长的转变，并逐渐成为中国的、区域的乃至全球性的创新科技中心。在这场有史以来覆盖面最广、更新速度最快、颠覆性技术层出不穷的创新革命中，挑战与机遇始终并存，如何推动高等教育的改革，并将其作为湾区转型的有效推动力和湾区发展契机的重要抓手，是一个重要的、不可回避的命题。

事实上，创新是粤港澳大湾区建设的重要方向，已经成为各方共识，而唯一困惑的点在于"如何做"，即如何推动"粤港澳大湾区"从投资主导型向创新驱动型增长转变，从而成为中国真正意义上的高新科技中心，实现从"中国制造"到"中国智造"模式的转变，这是目前大湾区建设讨论中的重中之重。作为"知识经济"的发动机，高等教育对培养人才、提高国民文化素质和劳动生产率、提升国家的竞争力等都具有重要的战略意义。高等教育的发展水平直接决定着一个国家高级专门人才的数量和质量,也在一定程度上代表了高科技领域的发展水平,从而决定了一个国家未来可持续发展的潜力。

本书将从粤港澳大湾区高等教育发展的视角,着重探讨以下几个层面:第一,积极探索我国高等教育从外延式发展模式向内涵式发展模式的转变,并以此推动我国高等教育发展的整体转型。第二,积极探索我国高等教育"第三功能"开发,发挥对粤港澳大湾区经济的支撑作用,以此推动大湾区高新技术创新驱动的经济结构转型。第三,积极探索粤港澳大湾区优质高等教育资源的区域化合作模式,并以此作为进一步推动中国高等教育与国际对接的有效推手。

在写作框架上,本书从粤港澳大湾区高等教育发展战略的现状出发,分析和讨论三地在自身建设与合作发展中存在的问题,并探讨总结香港地区和世界三大湾区在高等教育发展中的先进经验以及在区域一体化中的突出作用,在此基础上,有针对性地提出适合粤港澳大湾区发展的具有远见性和落地性的建议。

具体而言,本书包括十三章。第一章主要概述粤港澳大湾区高等教育发展研究的意义。第二至八章主要梳理高等教育合作发展历程,深度剖析粤港澳大湾区三地在高等教育自身建设、合作发展、教育与经济产业相结合等方面的优势以及存在的问题,总结粤港澳大湾区内部香港一些大学的发展经验。第九至十二章为他山之石,详细分析了世界三大湾区(旧金山湾区、纽约湾区、东京湾区)的成功经验和高等教育的重要作用。第十三章基于粤港澳大湾区高等教育发展的现状、问题和其他地区的先进经验,展望性地探讨大湾区高等教育的未来发展方向,并提供细化的政策性建议。

目 录
CONTENTS

第一章 粤港澳大湾区高等教育发展研究的意义 ·········· 1
　一、当前高等教育发展的背景与形势 ·········· 1
　二、粤港澳大湾区建设的新契机 ·········· 4
　三、粤港澳大湾区教育研究的意义与价值 ·········· 5

第二章 粤港澳大湾区高等教育合作历程 ·········· 8
　一、粤港澳大湾区制度发展历程综述 ·········· 8
　二、粤港澳合作联席会议制度的发展和衍变 ·········· 14
　三、粤港澳大湾区高等教育合作的制度架构衍变 ·········· 22

第三章 粤港澳大湾区高等教育现状及其发展状况分析 ·········· 26
　一、粤港澳大湾区高等教育现状 ·········· 26
　二、粤港澳大湾区高等教育的发展状况分析 ·········· 30
　三、小结 ·········· 42

第四章 粤港澳大湾区内的中外合作办学以及内地与港澳合作办学模式 ·········· 44
　一、中外合作办学模式历程及发展现状 ·········· 44
　二、广东省内的中外合作办学以及内地与港澳合作办学现状 ·········· 46
　三、香港中文大学（深圳）案例 ·········· 50
　四、小结 ·········· 58

第五章 粤港澳大湾区内的产学研模式 ·········· 60
　一、粤港澳大湾区产学研合作现状 ·········· 60
　二、深圳虚拟大学园 ·········· 70
　三、小结 ·········· 76

第六章 粤港澳大湾区教育与创新产业合作的现状及问题 ·········· 78
　一、大湾区科技创新发展现状 ·········· 79

二、大湾区高等教育与创新产业合作存在的问题 …………………… 85
　　三、小结 ………………………………………………………………… 88

第七章　香港高等教育发展经验以及对大湾区高等教育改革的启示 …… 89
　　一、香港高等教育发展简况 …………………………………………… 89
　　二、香港高等教育办学经验 …………………………………………… 93
　　三、借鉴与启示 ……………………………………………………… 104

第八章　香港科技大学跨越式发展的经验及启示 ……………………… 107
　　一、香港科技大学的发展理念 ……………………………………… 108
　　二、香港科技大学的管理与运作机制 ……………………………… 109
　　三、依据动态的社会经济环境制定适宜的发展策略 ……………… 116
　　四、借鉴与启示 ……………………………………………………… 119

第九章　旧金山湾区："高等教育—创新产业" 发展案例 …………… 121
　　一、旧金山湾区发展概况 …………………………………………… 121
　　二、世界级一流高等教育集群 ……………………………………… 123
　　三、高等教育集群与产业集群的互动发展 ………………………… 128

第十章　纽约湾区："区域规划—高等教育" 发展案例 ……………… 130
　　一、跨区域的城市规划部署 ………………………………………… 132
　　二、多中心的大学集群模式 ………………………………………… 136
　　三、高等教育发展与产业布局 ……………………………………… 138

第十一章　东京湾区："高等教育—经济结构" 发展案例 …………… 140
　　一、东京湾区的"首都圈"发展规划 ……………………………… 141
　　二、东京湾区的产业集群 …………………………………………… 143
　　三、东京湾区的创新高等教育集群与经济发展 …………………… 145

第十二章　世界湾区高等教育发展的经验与启示 ……………………… 149
　　一、世界湾区发展基本特征 ………………………………………… 149
　　二、世界一流湾区发展趋势 ………………………………………… 152

第十三章　粤港澳大湾区高等教育未来发展方向 ……………………… 158

附录 …………………………………………………………………………… 165

第一章 粤港澳大湾区高等教育发展研究的意义

一、当前高等教育发展的背景与形势

自 21 世纪以来，知识经济得到了全面、快速和迅猛发展，人类社会跨入了知识经济时代，科技创新已然成为世界各国经济、社会发展的内在驱动力。中国经济进入新常态，经济结构从粗放式量的增长逐渐转向依靠创新、科技驱动的多要素均衡增长，人才需求也从数量为主转向素质优先，社会对高素质、多样化人才的需求增强。国家、地区、城市间综合实力的竞争已经从"硬实力"的较量发展到科技、人才等"软实力"的竞争，尤其在经济全球化竞争日趋激烈的情况下，高层次人才必然成为各方制胜的核心战略资源。作为"知识经济"的发动机，高等教育对培养人才、提高国民文化素质和劳动生产率、提升国家的竞争力等都具有重要的战略意义。高等教育的发展水平直接决定着一个国家高级专门人才的数量和质量，也在一定程度上代表了高科技领域的发展水平，从而决定了一个国家可持续发展的潜力。

当前，高等教育正在走出"边缘化"，进入社会中心，从影响经济社会发展的外部因素的"服务关系"，逐步转变为直接参与经济社会发展。西方学者曾从文化中心和科学技术中心转移的两个维度，对西方社会的发展过程进行了考察。研究结果表明，高等教育发展水平与文化中心和科学中心的形成有着密切的关系。一般来说，在文化中心和科学技术中心形成之前或同时，均伴随着一个高等教育发展的高峰。也就是说，无论哪个国家或地区，要想发展成为文化或科技中心，必须以教育为先导，使之与本国经济和科技发展相联系。高等教育的欠发达及衰退必然导致科学人才的匮乏，从而造成科学中心和文化中心的转移。这意味着，如果国家想要实现长远发展，其发展战略必须重视科学技术、教育、文化等"软"领域。这也正是许多国家和地区谋划发展高等教育事业的重要原因。

欧洲大陆曾是世界高等教育发展的中心，其教育经验和成果享誉全球。然而经历过两次世界大战后,由于经济、政治等多方面原因,欧洲大陆的高等教育遭受了重创,虽然经过一段时间的恢复和发展,但是全球高等教育中心开始向美国转移,欧洲大陆的高等教育实力已被美国所超越。近几十年来,欧洲各国开始逐步推动高等教育跨国家、跨地区的交流与融合,以期重新打造一个高质量的欧洲高等教育市场。20世纪50年代以来,在欧洲委员会(European Commission)和联合国教科文组织的推动下,欧洲国家间签订了一系列关于高等教育资格认可的公约。20世纪90年代《马斯特里赫特条约》的签订,标志着欧盟一体化的进程开始外溢到文化教育领域,也使得欧盟高等教育的一体化进程得到不断推进。1999年6月,来自欧洲29个国家的教育部长在意大利签署《博洛尼亚宣言》,正式拉开博洛尼亚进程的序幕。该宣言声明在欧洲设立高等教育区,将高等教育发展、高等教育区域融合作为欧洲未来全面发展的重要力量。

新加坡被称为"东方波士顿",即一个集全球知识生产、创新创意和产学研为一体的地区枢纽。人才培养是新加坡经济重建和发展中不可分割的一部分,究其教育制度的本质,是集中发展人力资源,以满足新加坡经济发展对教育和技能的需求[①]。在20世纪80年代,新加坡逐步开展了以工资调整和产业教育培训为主导的、提高产品附加值的产业升级战略,并通过对技术和职业教育的持续投入,以应对未来行业发展的需求。2002年,新加坡政府更是将"环球学堂"策略(global schoolhouse strategy)定为国家重点项目,提出为全世界提供从学前教育到高等教育的一条龙、多元化优质教育服务。

香港作为亚洲四小龙之一,其经济得以快速、稳健发展,在很大程度上也是得益于其对人力资源的开发。香港特别行政区政府一方面大力发展本地高等教育,培养储备型人才;另一方面开展全球人才计划,吸引各方优秀人才汇聚。其中,发展本地教育始终是香港特别行政区政府的一个重要政策,并被贯彻于其经济发展和现代化进程的方方面面。教育的发展不仅保证了香港经济发展战略的实施,也为其后来从劳动密集型经济向技术密集型经济转变和参与国际竞争奠定了基础。

百年大计,教育为本。教育是民族振兴、社会进步的基石,也是促进个体

---

① 龚雅雯、王泓翔、张素惠:《新加坡职业教育及训练发展现况与策略之探讨》,载《技术与职业教育学报》,2015年第2期。

全面发展的根本途径。自中华人民共和国成立以来，一直将教育发展作为立国之本，并不断加大对教育的投入。目前，中国高等教育取得了一定的成就，已建成世界上最大规模的教育体系。高等教育也进入大众化阶段，毛入学率从2012年的30%增长到2018年的48.1%。截至2019年6月，全国共有高等学校2956所，其中普通高等学校2688所（含独立学院257所），成人高等学校268所[①]。2018年，中国各种形式的高等教育在学总规模为3833万人，占世界高等教育在学总规模的1/5，成为世界高等教育第一大国。与此同时，高等教育质量显著提高，在2019年泰晤士世界大学排名中，中国内地有7所高校进入榜单前200名，进入ESI（基本科学指标数据库）前1%的学科数从279个增长到770个，学科进入ESI前1%的高校从91所增长到192所[②]，成为名副其实的高等教育强国。高等教育的发展极大地提高了国民素质，也有力地推动了经济社会的长远发展。但是当前中国高等教育也存在着一些问题。例如，高等教育体制自身出现行政化和商业化的趋势。高等教育也存在大规模扩招、大规模建校等现象，在过度的扩张中其教育质量渐渐难以得到保障，培养的许多人才也不能很好适应现代化发展的需求。此外，由于世界正处在大发展、大变革、大调整时期，科技进步日新月异，人才竞争日趋激烈，在此大背景下，中国在促进经济转型、寻找新的经济增长点、深化体制改革、增强国际表现力等方面都面临着极大的挑战。因此，中国高等教育发展应在规模化和高质量化、本土化和国际化之间寻求适度平衡。如何推进高等教育规模化、高质量化和国际化发展，促使高等教育适应国家经济社会发展和人民群众接受良好教育的要求，发挥其在国家发展中的重要作用，被提上了更为重要的位置。

经过多年对现行教育体系的评估考核，教育部在2008年发布了《国家中长期教育改革和发展规划纲要（2010—2020年）》（下称《规划》）[③]，该《规划》明确提出"提高质量是高等教育发展的核心任务，是建设高等教育强国的基本要求"，并对未来高等教育质量和结构调整提出发展要求，希望到2020年，"人才培养、科学研究和社会服务整体水平全面提升，建成一批国际知名、有特色、高水平的高等学校，若干所大学达到或接近世界一流大学水平，高等教育国际

---

① 《2019年全国高等学校名单》，教育部2019年6月，http://www.moe.gov.cn/jyb_xxgk/s5743/s5744/201906/t20190617_386200.html。
② http://edu.people.com.cn/n1/2017/0930/c367001-29570423.html。
③ http://www.gov.cn/jrzg/2010-07/29/content_1667143.htm。

竞争力显著增强"。在此部署下，中国各级政府正在不遗余力地进行"试验性"区域改革方案，教育发展开始与本地社会、经济发展需求有效结合，呈现区域化特色。

例如，北京市政府提出"首都教育"（与"首都经济"概念相对应），提出将北京的高等教育与其经济社会发展融合在一起，作为北京地区经济社会发展的新思路。苏州市政府则基于国家级经济开发区的考量，明确规划了国际教育园，其基本功能定位为一基地三区，即以高等职业教育为主，高素质、应用型人才的培养基地，实行开放式办学、资源共享的教育实验区，与国际融合、开展中外合作办学的示范区和融现代教育与山水人文为一体的文化旅游区。目前，该国际教育园基本涵盖了研究生、本科、专科、中专、普通教育和成人培训在内的多层次、多类型高等教育，并已形成政府、行业、社会力量多元化的办学格局。这也是将高等教育纳入苏州市的长期经济发展中，用人才发展来提升苏州综合实力的重要战略考量。将高等教育与区域经济综合考量，并在二者之间实现同频共振，已经成为中国区域性高等教育的发展新特点，也是高等教育改革中重要的地方经验。

二、粤港澳大湾区建设的新契机

湾区经济作为重要的滨海经济形态，是当今国际版图上的重要亮点。以纽约湾区、东京湾区、旧金山湾区为代表的世界一流湾区已经成为带动全球经济发展的重要增长极和引领技术变革的领头羊，也成功吸引了学界的密切关注。纵观其发展历史，一流湾区均依靠自身沿海发展的区位优势，先后推动从港口经济、工业经济、服务经济到创新经济的转型[①]。创新经济阶段就意味着该湾区拥有高度开放的经济结构，是以世界500强企业、创新公司、高校研发中心/机构为主要构成部分的全球科技创新中心，并在新一代的工业革命转型中处于领先地位。从某种意义上说，世界一流湾区的成功，即世界一流高等教育机构的汇聚、一流人才的汇聚、一流知识的汇聚和一流科技的汇聚。

"粤港澳大湾区"概念的提出，正是以建成世界一流湾区为目标，通过创新经济的阶段性定位，完成中国创新科技的跳跃性发展。从发展规模上来看，粤

---

① 21世纪经济研究院和时代中国研究院：《时代中国21世纪报告：粤港澳大湾区城市发展力研究2018》，http://finance.sina.com.cn/other/lejunews/2018-07-23/doc-ihftenhz1139655.shtml．

港澳大湾区以"9+2"(广州、深圳、珠海、东莞、中山、佛山、惠州、江门、肇庆和香港、澳门两个特别行政区)的城市群来拓展经济发展新空间,占地面积5.65万平方千米(占中国领土面积的0.6%),总人口约7000万(占全国人口的4.9%),是中国最大的区域性城市群。该城市群有香港特别行政区和澳门特别行政区两个高度国际化的自由经济体,也拥有内地外向型经济程度最高的珠三角城市。2018年"粤港澳大湾区"的GDP约为1.38万亿美元,约占全国经济总量的13%,经济发展基础雄厚,且已形成世界级企业的汇聚。可以说,粤港澳大湾区拥有与纽约湾区、旧金山湾区、东京湾区并肩的发展潜力,是我国综合实力最强、开放程度最高、经济最具活力、最具发展潜力的区域之一(表1-1)。与此同时,粤港澳大湾区也拥有搭建创新经济模式的雄厚基础。目前,粤港澳大湾区在创新、研发上处于全国领先地位,其全社会研发强度、研发投入和研发成果,均远高于全国平均水平。事实上,创新是粤港澳大湾区建设的重要方向,已经成为各方共识,而唯一困惑的点在于"如何做",即如何推动粤港澳大湾区从投资主导型向创新驱动型增长转变,从而成为中国真正意义上的高新科技中心,实现从"中国制造"到"中国智造"模式的转变,这是目前大湾区发展的重中之重。

表1-1 全球大湾区对比

世界湾区	常住人口(百万)	面积(1000km²)	GDP(万亿美元)	人均GDP(万美元)	世界500强总部数量	高校数量	世界前100名大学数量
粤港澳大湾区	66.7	56.5	1.38	20 400	16	173	5
东京湾区	43.5	36.8	1.86	42 400	70	120	2
纽约湾区	23.4	34.5	1.83	77 200	22	227	4
旧金山湾区	7.2	17.9	0.82	105 300	28	73	2

数据来源:QS2018年全球大学排行榜,以及各地政府公布的最新数据。

三、粤港澳大湾区教育研究的意义与价值

目前,粤港澳大湾区在增长模式上,正在寻求从投资主导型向创新驱动型增长的转变,并逐渐成为中国的、区域的乃至全球性的创新科技中心。在这场有史以来覆盖面最广、更新速度最快、颠覆性技术层出不穷的创新革命中,挑

战与机遇始终并存，如何推动高等教育的改革，并将其作为湾区转型的有效推动力和湾区发展契机的重要抓手，则是一个重要的、不可回避的命题。

2019 年 2 月，中共中央、国务院印发《粤港澳大湾区发展规划纲要》（以下简称《纲要》），在"如何做"的问题上给予指导性方案。其中，明确支持大湾区建设国际教育示范区：引进世界知名大学和特色学院，推进世界一流大学和一流学科建设；探讨教育新机制，提高三地各级学校的办学、科研和协同创新的合作层次和水平；共同打造珠三角的人才高地、教育高地，以适应世界大学发展新格局、区域创新驱动发展的新需求。具体而言，粤港澳大湾区高等教育发展，其内涵应当从以下几个层面探讨：

第一，积极探索我国高等教育从外延式发展模式向内涵式发展模式的转变，并以此推动我国高等教育发展的整体转型。改革开放带动了中国经济社会的高速发展，也极大地推动了中国高等教育大规模的扩张、扩招，让高等教育进入大众化阶段。这属于典型的、超常规的外延式发展方式。这种方式在发展初期满足了经济社会发展对高等教育量的需求，促进了高等教育的跨越式发展。然而近年来，这种外延式发展模式所带来的规模效应已经逐渐步入边际递减阶段，加之以高新知识创新为驱动的新经济时代的到来，客观上要求我国高等教育必须寻求整体质量和效益的提升，即应逐步追求高质量的、内涵式的发展模式。粤港澳大湾区拥有丰富的高等教育资源及大规模、高质量、多类型和多层次的教育体系，这为高等教育的内涵式发展奠定了坚实的基础。加之香港、澳门和内地的高等教育在体系规模、发展历史、教育市场化程度、制度保障等方面的不同，这给区域性高等教育战略调整留有极大的可探讨空间。

第二，积极探索我国高等教育"第三功能"开发，发挥对粤港澳大湾区人才、科技成果等优质资源的支撑作用，以此推动大湾区高新知识创新为驱动的经济结构转型。随着世界经济、政治、文化等发生深刻变化，知识经济时代已然到来，高等教育除了发挥传统的教学和科研两大基本功能之外，逐渐开始承担促进经济发展的"第三功能"。在中国经济新常态下，粤港澳大湾区正在探索从"中国制造"到"中国智造"转变的实现路径，建设国际科技创新中心，以推动从投资为主导向知识创新驱动型经济增长的转变，而人才、知识、技术则成为重要的一环。粤港澳大湾区高等教育示范区建设的目标之一，即培养高新知识创新型人才，夯实创新基础研发能力，并逐步推动高等院校和科研院所科技成果的转化，实现与产学研深度融合发展。探索高等教育"第三功能"，以最大限度发挥对中国经济结构转型和对未来创新经济增长点的支撑作用。

第三，积极探索粤港澳大湾区优质高等教育资源的区域化合作模式，并以此作为进一步推动中国高等教育与国际对接的有效推手。在粤港澳大湾区"9+2"框架下，存在着一个国家、两种制度这样独特的"中国模式"。这种政治制度、治理模式以及法律体系等方面的不同虽然给三地合作带来一些困难，但这些合作将为中国高等教育对接国际积累宝贵的经验。大湾区框架下的国际教育示范区，提倡将香港、澳门积极纳入教育示范区的建设中来，正是在深化粤港澳互利合作，进一步建立优质的高等教育资源区域化合作关系，积极探索不同教育机构、不同教育体系在不同的经济、政治、社会、法制当中的合作途径，从而在这种磨合性的、探索性的规则制定中寻求制度经验。这种制度经验不仅仅是中国区域化高等教育发展的经验，更是中国高等教育与国际对接的重要经验，是中国制度与世界制度对话的必备一环。

第二章 粤港澳大湾区高等教育合作历程

粤港澳大湾区的高等教育合作起源于早期珠三角地区跨区域合作。早在改革开放初期，这里凭借优良的港湾、毗邻港澳的区位优势、巨大的经济体量和改革开放的制度红利，一跃成为中国改革开放的前沿阵地。跨区域、多领域、多层次的合作迅速展开，推动了早期制度上的磨合和调试。经过不断调整和细化，2016年国务院印发《国务院关于深化泛珠三角区域合作的指导意见》，提出了粤港澳大湾区（新的"9+2"模式，即广东省的9个市和香港、澳门2个特别行政区），正式从制度框架上确定了粤港澳大湾区在国家发展和区域一体化进程中的地位和方向，也奠定了高等教育深度合作的基调。

目前，粤港澳大湾区的高等教育合作实现了国家性和区域性双层制度推进，且具备了大政方针性和教育专项性的制度和框架协议保障。基于此，大湾区内的高等院校、研究机构之间开展了多种形式的合作和交流，以期集中优质的教育资源，实现教育资源在跨区域间最大程度的优化配置，并以此提高整体的高等教育水平，加强科技研发在广东地区经济转型中的重要作用。

一、粤港澳大湾区制度发展历程综述

自改革开放以来，根据标志性制度文件的设定时间点，粤港澳大湾区的合作发展大致可以划分为三个阶段（表2-1）：①1978—2003年：改革开放时期的经贸合作；②2003—2015年：泛珠三角区域城市群全面推进阶段；③2015年至今：粤港澳大湾区背景下的创新经济转型。

第一阶段：改革开放时期的经贸合作（1978—2003年）。

在党的十一届三中全会上，中国宣布实行对内改革、对外开放的政策。广东省凭借临近港澳的地理位置优势和良好的经济发展基础，被列为国家改革开放的前沿阵地。1979年，政府颁布了《关于对外经济活动实行特殊政策和灵活措施的报告》《关于大力发展对外贸易增加外汇收入若干问题的规定》等文件，把广东深圳、珠海、汕头及福建厦门四个地区列为对外经济特区，把广州、深圳、珠海、佛山、江门、中山、惠州以及肇庆等地区划定为经济发展开放区，并给予广东省对外经济活动"三来一补"的优惠政策。1988年，广东成为"经济体制改革综合试验区"，拥有更广泛的自主权，成为中国对外开放中的先锋队。这些也从制度上奠定了早期内地与香港、澳门合作的框架基础。

在这个阶段，粤港澳合作主要侧重在经贸层面。一方面是广东地区外向型经济发展需求，希望在自下而上的探索中，通过大力吸引外资，发展出口导向的加工业，成为中国"世界级工厂"的主要生产基地。另一方面是香港转型为服务经济体和国际金融中心的需求。双方之间通过"前店后厂"的垂直产业分工，形成了香港服务+广东生产+国际品牌+全球销售的全球供应链条。经贸层面的互惠互利合作，推动了广东地区和香港的整体产业转型，促进了经济的快速增长，同时也带动了经济领域以外合作、融合的发展需求。

第二阶段：泛珠三角洲区域城市群的全面推进阶段（2003—2015年）。

这一阶段的开始有两个标志：一是标志性文件的签署，二是标志性提案的提出。标志性文件的签署指的是中央政府与香港、澳门特别行政区政府在2003年6月签订的《内地与香港关于建立更紧密经贸关系的安排》和《内地与澳门关于建立更紧密经贸关系的安排》（简称CEPA）。这两个协议的签订标志着内地与港澳经济合作在制度化方面有了突破，也表明内地与港澳在合作关系上开始出现转变。标志性提案指的是中共中央政治局委员、广东省委书记张德江于2003年11月提出的泛珠三角区域合作的构想，该区域包括：福建、江西、湖南、广东、广西、海南、四川、贵州、云南九省区以及香港、澳门两个特别行政区，这也是早期的"9+2"模式。2004年6月，在中央政府的支持下，由国家发展改革委、商务部、国务院港澳办、国务院发展研究中心、交通部、铁道部、国家旅游局等相关部门及内地九省区政府与香港、澳门特别行政区政府共同签署了《泛珠三角区域合作框架协议》（简称《框架协议》），就合作宗旨、合作原则、合作要求和合作领域做了框架性规定。该框架协议是中国早期区域合作中具有纲领性质的文件，它的签署标志着珠三角区域合作框架和机制的形成。

这个阶段，粤港澳三地的合作出现制度上的突破，且合作内容出现多样化特征，并逐渐从经济贸易合作向综合性合作和专项性合作方面延伸。这些合作涉及行政、文化、旅游、环境卫生、教育等多个领域，例如《泛珠三角区域环境保护合作专项规划（2005—2010年）》《泛珠三角区域工商行政管理合作协议》等协议的签订等。此阶段，国家也发布了《珠江三角洲城镇群协调发展规划（2004—2020）》和《珠江三角洲地区改革发展规划纲要（2008—2020年）》等政策性文件，强调城市空间的均衡性发展是在经济发展基础上规划建设重要的世界级城市群。这些文件首次明确划分"粤港澳跨界合作发展地区"，将珠三角由"地区"转化为"湾区"。这便是早期的湾区思路。

第三阶段：粤港澳大湾区背景下的创新经济转型（2015年至今）。

2015年，在国家发改委、外交部、商务部联合发布的"一带一路"重点发展倡议文件中，首次提出粤港澳大湾区概念，并将其作为"21世纪海上丝绸之路"的重点区域。在2016年国家"十三五"规划纲要（2016—2020年）中，粤港澳大湾区作为国家级战略被正式提出，这也标志着粤港澳大湾区开始进入快速规划和建设阶段。2017年，粤港澳三地政府在香港签署《深化粤港澳合作，推进大湾区建设框架协议》，围绕"一国两制"总方针，确立了基础设施、科技创新、现代化产业以及国际合作等七大重点合作领域。2019年2月，中共中央、国务院颁布《粤港澳大湾区发展规划纲要》，这个纲领性文件规划了大湾区近20年的合作发展。

这一阶段，粤港澳大湾区的合作制度得到了根本性的保障，合作方向也开始有了突破性的转变。根据《粤港澳大湾区发展规划纲要》的规定，大湾区的长远目标是形成以创新为主要支撑的经济体系和发展模式，其定位是具有国际影响力的国际科技创新中心和充满活力的世界级城市群。

表2-1 改革开放以来粤港澳大湾区/泛珠三角区合作政策（节选）

	年份	政策文件/制度安排	来源	主题要点（尤其是涉及教育的）
第一阶段	1979	《关于对外经济活动实行特殊政策和灵活措施的报告》	中共中央、国务院批转报告	批转广东省委和福建省委报告，试办特区
	1995	《珠江三角洲经济区城市群规划》	广东省政府	以广州—珠海和广州—深圳为发展主轴，连接香港和澳门，形成以广东为核心的广港发展轴和广澳发展轴
	1998	粤港高层合作联席会议制度	粤港两地政府经国务院批准	由广东省与香港特别行政区政府人员组成，下设15个专责小组

续表 2-1

	年份	政策文件/制度安排	来源	主题要点（尤其是涉及教育的）
第二阶段	2003	《内地与香港关于建立更紧密经贸关系的安排》和《内地与澳门关于建立更紧密经贸关系的安排》（简称CEPA）	中央政府与香港、澳门特别行政区政府	为内地与港澳间的货物贸易自由化、服务贸易自由化和贸易投资便利化提供制度保障
	2004	《泛珠三角区域合作框架协议》	内地九省区政府与香港、澳门特别行政区政府	搭建泛珠三角区域合作与发展论坛，形成泛珠三角区域合作机制，推动基础设施、产业与投资、商务与贸易、旅游、农业、劳务、科教文化、信息化建设、环境保护、卫生防疫等十个领域合作
	2005	《珠江三角洲城镇群协调发展规划（2004—2020）》	广东省人民政府印发	打造世界级的制造业基地和充满生机活力的城市群；明确划分"粤港澳跨界合作发展地区"
	2005	《国民经济和社会发展第十一个五年规划纲要》（2006—2010年）	根据中共中央的建议编制	强调内地与港澳之间在基础设施建设、产业发展、资源利用以及环境保护等方面进行合作
	2008	《珠江三角洲地区改革发展规划纲要（2008—2020年）》	国家发改委	珠江三角洲改革发展上升为国家战略
	2009	《大珠三角城镇群协调发展规划研究》		提出"湾区发展计划"
	2009	《横琴总体发展规划》	国务院批准	计划逐步将横琴建设成为"一国两制"下粤港澳合作新模式示范区
	2010	《前海深港现代服务业合作区总体发展规划》	国务院批准	计划将前海建设成为全国现代服务业的重要基地，深化粤港澳合作以及促进产业结构优化升级
	2010	《环珠三角宜居湾区建设重点行动计划》	粤港澳三地政府	落实跨界交通、生态环境合作和协调机制建设
	2010	《粤港合作框架协议》	粤港两地政府	深化双方教育培训合作，共同推进专业资格互认、区域人力资源开发和专业人才流动，打造亚太区域人才教育枢纽。具体合作内容包括教育、培训、人才流动

续表2-1

	年份	政策文件/制度安排	来　源	主题要点（尤其是涉及教育的）
第二阶段	2010	《国民经济和社会发展第十二个五年规划纲要》（2011—2015年）	根据中共中央的建议编制	明确提出对粤港澳区域整合的目标要求，即"加强规划协调，完善珠江三角洲地区与港澳的交通运输体系；深化粤港澳合作，打造更具综合竞争力的世界级城市群"
	2011	《粤澳合作框架协议》	粤澳两地政府	推进双方高等教育和科研合作、推动幼儿园和中小学教育资源相互开放，开展教师培训交流合作，共同研究跨境学生通关、交通等便利措施；加强职业教育培训合作，共同举办旅游、酒店、会展、创意设计等职业培训项目，建立职业教育师资交流制度
第三阶段	2015	《推动共建丝绸之路经济带和21世纪海上丝绸之路的愿景和行动》	国家发改委、外交部、商务部联合发布	提出打造粤港澳大湾区，充分发挥深圳前海、广州南沙、珠海横琴等开发合作区的作用
	2015	《国民经济和社会发展第十三个五年规划纲要》（2016—2020年）	根据中共中央的建议编制	支持港澳在泛珠三角区域合作中发挥重要作用，推动粤港澳大湾区和跨省区重大合作平台建设
	2016	《国务院关于深化泛珠三角区域合作的指导意见》	国务院	提出以粤港澳大湾区为龙头，明确了粤港澳大湾区在区域合作深化过程中的地位和方向
	2017	《深化粤港澳合作推进大湾区建设框架协议》	粤港澳三地政府	围绕"一国两制"总方针，从基础设施、科技创新、现代化产业以及国际合作等七大重点领域展开，互利合作共同推动湾区建设
	2017	国务院《政府工作报告》	国务院	提及粤港澳大湾区的建设情况，并推动港澳与内地间的深度合作以促进两地经济发展
	2018	《国务院关于落实〈政府工作报告〉重点工作部门分工的意见》	国务院	提出要出台实施粤港澳大湾区发展规划纲要，全面推进内地同香港、澳门互利合作

续表 2-1

	年份	政策文件/制度安排	来源	主题要点（尤其是涉及教育的）
第三阶段	2018	《关于建立更加有效的区域协调发展新机制的意见》	中共中央、国务院	提出要以香港、澳门、广州、深圳为中心引领粤港澳大湾区建设，带动珠江—西江经济带创新绿色发展；加强城市群内部城市间的紧密合作
	2019	《粤港澳大湾区发展规划纲要》	中共中央、国务院	提出粤港澳大湾区要建设国际教育示范区，加快建设粤港澳人才合作示范区、在技术移民等方面先行先试、探索采用法定机构或聘任制等形式大力引进国际化人才、支持大湾区建设国际教育示范区、共建一批特色职业教育园区
	2019	《国务院关于横琴国际休闲旅游岛建设方案的批复》	国务院批复	加快构建以休闲旅游业为核心的现代产业体系，深入推进粤港澳更紧密合作，促进澳门经济适度多元发展，打造粤港澳深度合作示范区
	2019	《国务院关于落实〈政府工作报告〉重点工作部门分工的意见》	国务院	要求相关部门落实粤港澳大湾区发展规划纲要，促进规则衔接，推动生产要素流动和人员往来便利化
	2019	《关于推动出入境证件便利化应用的工作方案》	国家移民管理局等十六个部门	力争2019年12月31日前全面实现港澳居民来往内地通行证、华侨护照在交通运输、金融、通信、教育、医疗、社保、工商、税务、住宿等领域的便利化应用

数据来源：各官方文件，经作者整理。

伴随着粤港澳大湾区三个阶段的制度衍变，三方的协作也逐步发生阶段性变化。自1950年起，粤港澳三方以民生作为突破口开始逐步向经贸事务拓展，在2000年前后，从机制上设立以合作联席会议为基础的多层次、跨部门、跨区域、多元主体共同参与的协同治理机制，这些制度在近年提出的粤港澳大湾区框架协议中得到巩固。具体而言体现在三个方面：一是合作的领域在不断扩展，从单一的民生性合作逐步向经济性、社会性、行政管理性等多领域转变；二是参与主体的增加,包括政府、企业、非政府组织、个人等;三是合作的情况日益复杂。这些进一步加剧了粤港澳三方协作治理机制转变的迫切性。

二、粤港澳合作联席会议制度的发展和衍变

粤港澳大湾区"9+2"城市因"一国两制"制度下的社会制度、法律体系、行政管理框架差异导致了协同发展、协同合作、协同治理上存在诸多问题。近年来,大湾区内逐步形成一套自上而下包含中央政府、粤港澳区域政府、珠三角各市政府在内,横向跨部门、跨地区、跨领域的多元共治联动协作模式。

中央政府一般负责区域宏观政策调控,出台对粤港澳大湾区的规划方案,如出台《深化粤港澳大湾区合作、推进大湾区建设框架协议》。大湾区具体工作的开展、落实、跟进和监管,则是由独立的专责小组进行。例如,2007年,由国家发展和改革委员会牵头成立的港珠澳大桥专责小组,专门负责推进大桥建设相关工作。

此外,粤港澳间还设有跨部门联动协作机制。如2014年由国家发展和改革委员会牵头建立的促进广东前海南沙横琴建设部际联席会议制度,由多个部级、副部级单位及广东省人民政府、广州市人民政府、深圳市人民政府、珠海市人民政府及香港、澳门特别行政区政府共同组成。此部际联席会议制度的前身为深圳前海深港现代服务业合作区建设部际联席会议。由于前海、南沙、横琴这三个国家级的粤港、粤澳合作战略发展平台在发展上具有许多相似的特点,为了高效率地协调区域间的统筹合作发展,该联席会议即从深圳一个区域扩大为三个区域。在工作制度和合作手段上,部际联席会议制度属于行政机构最高层次的联席会议制度,各成员单位主要采用协商的方式来推动问题的解决,并按照协定进行落实和开展工作。可以说,广东前海南沙横琴建设部际联席会议制度是目前粤港澳大湾区内三方协调机制之中行政级别最高且领域最具有针对性的合作机制(表2-2)。

表2-2 粤港澳大湾区政府间合作机制

行动者	合作平台	合作手段
中央政府	专责小组	区域宏观政策调控
跨部门、多级别	促进广东前海南沙横琴建设部际联席会议	协商行政协议
粤港澳区域政府	粤港合作联席制度、粤澳合作联席制度	协商行政协议

续表2-2

行动者	合作平台	合作手段
珠三角各市政府与港澳特别行政区政府	深港合作框架 深澳合作框架 穗港合作框架 珠澳合作框架 珠三角城市间合作协议等	行政协议

从地方政府层面来看，粤港澳三地政府从1998年开始逐步建立粤港合作联席会议制度和粤澳合作联席会议制度，这也是目前三方合作中重要的政府间协调机制，主要采用协商的方法来处理三方事务。粤港合作联席会议制度建立于1998年，是广东与香港地区之间多领域合作、沟通的协商共治机制。截至2019年，粤港合作联席会议已召开了21次，在广州与香港之间轮流进行。在1998—2002年，该制度采用"双首长/署长制"，即广东省常务副省长与香港特别行政区政务司司长共同主持（其中，第4次和第5次，广东省由常务副省长和深圳市市长为首席代表，香港特别行政区由政务司司长和财政司司长为首席代表）。自2003年第6次会议起，该制度升格为由双方行政首脑共同主持的"双首脑制"。在基本框架上，粤港合作联席会议制度包括粤港合作联席全体会议、工作会议、联络办公室和专责小组4个方面。具体包括：由双首脑主持的全体会议，全面确定新的一年双方合作的重点领域；由双方首长/署长主持的工作会议来具体落实全体会议确定的合作事项；设立联络办公室，以负责日常事务的联络和统筹工作；由相关部门和专家组成的专责小组就合作的各个专题进行研究、跟进和落实。总体而言，粤港合作联席会议制度是一个高层决策、常设机构运行、专家学者咨询的全方位机制，负责相关政策的制定和推动，并保证决策贯彻的顺畅。图2-1为粤港（澳）合作联席会议制度基本框架。

粤澳合作联席会议制度成立于2003年，是广东与澳门地区之间的协商共治机制，其前身是粤澳高层会晤制度及其具体执行者——粤澳合作联络小组。它的基本框架分为全体会议、联络办公室、专责小组三个方面。和粤港合作联席会议制度相比，除少了工作会议这一项之外，其他的基本职责和运转与粤港合作联席会议制度基本一致（图2-1）。

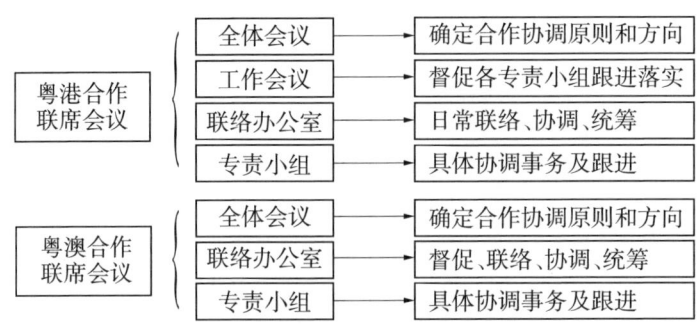

图 2-1 粤港（澳）合作联席会议制度基本框架

除此之外，珠三角各市政府与港澳特别行政区政府之间也出现了一些以协商行政协议为主要手段的政府间合作平台，例如《深港合作框架》《深澳合作框架》《穗港合作框架》《穗港合作框架》《珠澳合作框架》和《珠三角城市间合作协议》等。这也是在区域经济一体化发展中，政府间通过平等协商缔结跨区域的协议（表2-3、表2-4），来谋求平等合作的一种法律机制。

表 2-3 粤港合作联席会议出台的文件及教育相关要点（2009—2019 年）

年 份	要 点
2009	港深两地政府于 2009 年 6 月正式开展落马洲河套地区规划，以高等教育为主，用于高新科技研发和文化创意产业，建立跨界人才培育与知识科技交流区
	鼓励香港高等院校考虑利用创新模式与广东省教育机构合作
	继续推进职业教育在师资培训、学生交流、在职培训以及合作办学方面的合作项目
2010	鼓励香港高等院校考虑利用创新模式与广东省教育机构合作
	继续推进职业教育在师资培训、学生交流、在职培训以及合作办学等方面的合作
	加强师资培训，发展双向交流
2011	香港中文大学于 2013 年 3 月就深圳校区与深圳市及深圳大学签订办学协议
	"一试三证"用于美容及美发职业，学员通过一个统一考试便可获取内地、香港及国际专业组织三项资历认证
2012	香港中文大学（深圳）在 2014 年 3 月获教育部批准开始招生，并成功在内地 17 个省区市招收超过 300 名本科生

续表 2-3

年 份	要 点
2013	重点支持香港中文大学（深圳）建设
	进一步完善广东部分高等院校及部分具有条件的高等职业技术院校免试或自主考核招收香港学生
	建立健全粤港技工院校师资培训交流合作长效机制
	促进两地院校（包括职业教育院校）缔结姊妹学校，并在专业设置和课程开发等方面进行交流
	推动两地职业培训机构与企业开展培训服务合作，推动广州、香港、澳门和成都四地举办城际职业技能竞赛
	推进粤港职业能力开发评估工作，推动在出版印刷、汽车修理、物业管理和养老护理等4个职业开展"一试两证"开发研究，积极推进美容师和美发师的"一试三证"开发研究
	共建广东工业设计培训学院（香港知专设计学院合作院校）
	加强广州粤港澳青少年交流活动基地建设，加快深圳深港青年创新创业基地建设
2014	中山大学、香港中文大学以及澳门大学在7月签署合作协议，邀请三地其他高校加入粤港澳高校联盟
	香港特别行政区教育局2016年将"内地大学升学资助计划"扩展至资助于155所指定内地院校（包括21所位于广东省的高校）修读学士学位课程的香港学生，继续推动两地高等教育院校在合作办学、学术研究和交流等方面的协作，支持香港中文大学（深圳）的去筹申报和建设，争取2014年正式招生
	支持两地高等院校合作开展科研项目，共建实验室和研究中心，联合培养高层次人才
	继续做好广东高等院校及部分具备条件的高等职业技术院校免试或自主考核招收香港学生工作，扩大广东高等院校招收香港学生规模
	进一步做好在粤香港学生接受教育工作，支持港人子弟学校发展，办好港籍学生班
	鼓励两地职业院校缔结姊妹学校，开展学生交换和联合培养
2015	2017—2018年，"青年内地实习资助计划"约资助120项青年内地实习项目，资助总额约9100万元，预计受惠香港青年3500名，其中1100人到广东实习
	香港特别行政区政府通过"青年发展基金"支持青年创业，推行"粤港暑期实习计划"
	完善两地高校合作机制，拓宽两地高校在教育教学、科研合作、联合培养和师生交流等方面的合作渠道

续表 2-3

年份	要点
2015	推进两地师生交流和高校教育教学合作，包括承认特定课程学分和灵活交换生安排，支持粤港高校探索合作开办高等教育课程，建设国际教育示范区
	加强粤港高层次科研合作、科研成果转化和学术交流合作，推进粤港高校联合实验室建设，支持共建优势学科、实验室和研究中心
	推进粤港高等职业教育机构在教育培养、师资交流和技能竞赛等方面的合作，支持各类职业教育实训基地互相开放，共建特色职业教育园区
2016	香港特别行政区教育局 2016—2017 学年起，将"内地大学升学资助计划"扩展至资助于 155 所指定内地院校修读学士学位课程的香港学生，不论他们通过哪种途径入读相关院校。该 155 所内地院校包括免试招生计划的 84 所院校以及另外 71 所"985"工程和"211"工程但无免试招生计划的院校
2017	粤港澳三地继续推进"粤港澳高校联盟"的建设
	推出首批"青年发展基金"资助项目，鼓励青年善用南沙、青海和横琴等创业平台
	通过"青年内地实习资助计划"安排香港青年到广东企业及机构实习
	开展粤港两地"青年同心圆计划"等合作交流项目
	举办粤港青年实习交流项目
	推动粤港两地职业教育培训合作，继续推行"一试多证"项目，鼓励香港职业专才参与国家职业技能鉴定考核
	举办职业技能竞赛，加强两地职业教育学生及教师的知识技能和相关资讯交流
2019	2019 年 5 月召开会议，双方就共同建设宜居宜业宜游的优质生活圈，支持香港青年到广东就业创业，推动公共服务政策对接，健全优质教育、医疗等服务体系达成共识。（会议签署的《实施〈粤港合作框架协议〉2019 年重点工作》尚未对外公布）

数据来源：收集于官方网站与文件，作者整理。

表 2-4 粤澳合作联席会议出台的文件及教育相关要点（2009—2019 年）

年份	要点
2009	双方将加强沟通协调机制，全力推进澳门大学横琴新校区建设
	深化教育、中医药产业合作；扩大两地姐妹学校范围，鼓励两地教育行政管理人员和师生进行交流；加强医疗、产业、科研、人才培养等方面的项目合作与对接

续表 2-4

年份	要点
2010	携手推进横琴开发和澳门大学横琴新校区建设；加强与澳门的合作，力争在专项政策报批上取得突破；积极配合澳门大学横琴新校区项目建设，确保按照中央要求在3年工期内完成建设任务
	继续深化粤澳教育、文化、医疗卫生等社会民生领域的合作，全力以赴做好对澳供水、供电，确保供澳食品安全
2011	加快推进澳门大学横琴新校区建设，支持粤澳两地高校开展合作交流，鼓励青少年交流活动，推进两地中等职业教育在课程设计、师资培训等方面的合作
2012	利用广东高等医药院校和中医医疗机构的资源优势，接收澳门学生进修和实习
	在珠海工作、生活的澳门居民子女入读珠海义务教育阶段公办学校参照相关规定执行，达到积分条件的澳门居民子女，可享受珠海市户籍学生同等待遇
	完成澳门幼儿及学生在广东就读幼儿园和中小学的学费津贴资助计划
2013	进一步扩大广大高校澳门学生规模，研究制订部分具有条件的高等职业院校自主考核招收澳门学生的有关方法
	推动澳门大学扩大在广东招生名额
	开展澳门对在广东就读幼儿园和中小学的澳门籍学生提供学费津贴资助计划的试点工作
	推动中山市政府与澳门科技大学合作建设以全日制本科培养为主的综合性大学
2014	推进粤澳高校交流合作，举办高等教育交流会，推动两地高校合作开展科研项目
	粤澳高等教育行政部门签署交流合作备忘录
	推动落实中山市与澳门科技大学合作办学项目，搭建粤澳政产学研合作平台
	推进肇庆医学高等专科学校与澳门镜湖护理学院合作，加快实施学生交流、师资培训等项目
2015	开展旅游培训合作，推动两地旅游院校通过合作办学、人才培训等方式，联合开展旅游职业技能培训
	继续推动两地高校开展合作办学和科研交流
	配合澳门特别行政区政府做好对在广东就读幼儿园及中小学的澳门籍幼儿、学生提供学费津贴资助计划相关工作，支持两地中小学、职业院校加强校际交流
	支持广东高校、科研机构和企业与澳门在中医药、电子通信等领域开展科技交流合作，积极参与横琴新区开发建设

续表 2-4

年 份	要 点
2016	继续推动澳门高校与广东高校和科研机构开展中医药领域专利保护研究合作，推动粤澳中医药专利信息开发运用合作
	继续在澳门开展国家职业技能鉴定考试，大力推进粤澳"一试两证"项目
	推动肇澳职业技术教育交流；鼓励两地职业技术学校开展交流互访活动
	支持肇庆市有关学校和行业协会与澳门有关团体开展学前教育、电子商务、烹饪等专业的教师培训、学生见习和实习就业等活动，促进两地人才交流
	支持粤澳青少年开展多形式的国情体验和创新创业交流活动
2017	澳门基金会设立"一带一路"专项奖学金，支持粤澳青少年赴葡语系国家以及"一带一路"沿线国家学习
	组织青年代表团互访，加强与"一带一路"沿线国家在商贸、文化、教育等方面的交流
	支持两地中小学、职业技术学校加强校际交流
	继续开展"青年同心圆计划"粤澳交流合作项目和粤澳姊妹学校交流活动，支持粤澳青少年开展多种形式的国情体验、创新创业和来粤实习等交流合作
	深化青年人才发展合作，支持澳门大学生在粤实习，加强澳门青年在电子商务、金融业、会展、旅游和文化等领域的学习交流和工作体验
2018	加强粤澳高等院校在中医药人才培养和科技项目方面合作，推动研究开展中医药领域专利保护合作
	支持两地中小学、职业技术学校加强校际交流
	继续开展"青年同心圆计划"和粤澳姊妹学校交流活动，支持粤澳青少年开展多种形式的国情体验、创新创业和来粤实习等交流合作
2019	提出深化双方在环保、教育、卫生医疗等社会民生领域合作，全力保障供澳食品、农产品安全（未有后续的详细工作文件发布）

数据来源：收集于官方网站与文件，作者整理。

在粤港澳合作机构和实际工作落实上，目前粤港澳三地主要有三个层面的合作机构：广东省粤港澳办、香港政制及内地事务局和澳门特别行政区行政长官办公室（表2-5）。

表 2-5 粤港澳合作机构

地 区	机 构	下设组织
广东	广东省粤港澳办	
香港	香港与内地区域合作平台	
	香港政制及内地事务局	驻粤经济贸易办事处
		驻深圳联络处
	香港与内地经贸合作咨询委员会	促进落实贸易自由化及投资便利化小组
		专业服务开拓内地市场小组
		青年在内地就业及发展前景小组
	大珠三角商务委员会	
澳门	澳门特别行政区行政长官办公室	

针对教育、文化及相关领域，三地建立粤港教育合作专责小组、粤港高新技术合作专责小组、粤港文化体育合作专责小组、粤港保护知识产业合作专责小组以及粤澳教育合作专责小组、粤澳科技合作专责小组、粤澳文化合作专责小组。在粤港（澳）合作联席会议制度和专责小组的共同努力保障之下，多年来三地已在多个领域开展了有序合作，并形成了诸多成果。尤其是在高等教育领域，三地也直接或间接达成了一系列协议文件，通过追溯粤港澳合作联席工作会议的相关文件，三地的合作重点有几个趋势上的变化：①内地与港澳之间的高等教育交流越来越密切，且合作的程度在日益加深，已从早期的学生和老师之间的交流发展到多层次、多方面的教学、学术、科研等项目合作与对接。②内地与港澳之间逐步突破传统方式的教育合作，开始采用创新模式进行教育机构的合作，例如香港中文大学（深圳）、香港科技大学（广州）、澳门大学（横琴）校区等跨区域合作办学。深圳虚拟大学园引入香港高等院校后，在科研成果转化方面有了质和量的突破。③内地与港澳之间的合作从两地合作逐步转向三地合作，粤港澳三方于 2014 年组建粤港澳高校联盟，首次以合作协议的形式确认了三方之间的高校交流合作关系。

但是，由于三地在高等教育的未来发展需求上存在着差异，粤港、粤澳在高等教育合作方向上也有不同的侧重。香港地区与内地在高等教育合作方面侧重以下几个方面：第一，鼓励和支持多样化的师资培训、学生交流等活动，例如推进升学资助计划、实习资助计划等。第二，鼓励合作开展科研项目，共建优势学科、实验室和研发中心，联合培养高层次人才。第三，侧重职业院校之间的交流合作。粤澳高等教育合作除了以上提及的几个方面之外，还加入了具有澳门特色的两个方向：一是在中医药领域方面的合作，这是澳门特别行政区近年来重点发展的行业。二是加强与"一带一路"沿线国家的人才交流，这也是澳门特别行政区发挥葡语国家优势，在"一带一路"倡议中的新定位。

三、粤港澳大湾区高等教育合作的制度架构衍变

粤港澳大湾区的合作发展从早期以经济贸易为主逐渐向社会民生、综合性发展的城市群建设转变，这个趋势符合经济发展的一般性规律。在合作内容的不断深化衍变中，高等教育已逐渐被纳入其合作制度框架建设中，并成为合作的重要方向之一。目前，粤港澳大湾区高等教育合作的制度保障种类非常多样。在协议签订主体上分为双方和多方的高等教育合作框架协议，在协议签订内容上分为中医药等单一教育方向的合作协议和教育—产业融合发展合作协议等，为高等教育深入合作打下了良好的基础。

在区域性制度保障方面，泛珠三角地区各教育部门、粤港澳三地政府签订了一系列关于加强三地在教育方面的合作协议，主要包括《关于加强泛珠三角区域教育交流合作的框架协议》《推进粤港两地教育交流与合作协议书》《粤港两地教育交流与合作协议》《粤港教育合作协议》《粤澳高等教育交流合作备忘录》《关于加强粤港高等教育交流合作备忘录》等等。此类协议均从区域层面指明了内地与香港、澳门地区高等教育之间开展多层次、多形式合作的方向。

在2008—2019年粤港澳三地政府间签订的诸多高等教育协议中，尤其指明了三地（主要是内地与香港、内地与澳门）合作办学的改革方向，希望探索内地与港澳合作办学的新模式和新途径。中华人民共和国教育部公布的数据显示，目前广东省内的港澳台地区合作办学机构有2个，合作办学项目有3个，分别为北京师范大学—香港浸会大学联合国际学院、香港中文大学（深圳）、清华大学与香港中文大学合作举办工商管理（金融与财务方面）硕士学位教育项目、北京大学与香港中文大学合作举办金融学专业硕士研究生教育项目、北京大学（汇丰商学院）与香港科技大学合作举办工商管理硕士学位教育项目。其中，北京师范大学—香港浸会大学联合国际学院成立于2005年，位于广东省珠海市，是全国首家具有独立法人资格的内地与港澳台合作办学机构。香港中文大学（深圳）紧随其后，是在广东省引入的第二家内地与港澳台地区合作办学机构，

正式建校于2012年。2018年12月,香港科技大学宣布正式与广州市人民政府及广州大学签署协议,在南沙区合作筹建香港科技大学(广州),将成为大湾区内第三家港澳地区合作办学机构。

在教育一体化制度保障方面,在教育部的指导下,内地省份与香港、澳门特别行政区教育部门也签订了一系列保障教育资源有效流动的协议,其中具有代表性的为2004年教育部与香港特别行政区教育统筹局签订的《内地与香港关于互相承认高等教育学位证书的备忘录》,保障了学位证书的相互承认,从制度上保障了两地之间的跨境招生,实现了学生的多元化选择。广东省高校具有规模大、设施条件完善、学科建设完善、学费相对较低等特点,对港澳学生具有一定的吸引力。目前,港澳学生进入广东高校主要有三种渠道:一是参加高等院校的"港澳台侨联合招生考试"(为主要途径,包括华南理工大学、华南师范大学等均采用此途径)。二是参加目标学校的单独招生考试(如中山大学和暨南大学)。三是参加目标院校的免试招生计划(教育部已宣布,2019年109所内地高校对港学生豁免内地联招考试,其中广东22所,包括中山大学、暨南大学和广州中医药大学),香港学生可以凭借香港中学文凭考试成绩报读内地高校,减少考试环节。另外,澳门学生可用"四校联考"成绩直接报读内地高校。近年来,内地高校采取港澳学生与内地学生学费一致、设立港澳学生奖学金、对招收港澳学生的普通高校和科研院所给予专项补助等积极措施,吸引了相当一批港澳学生报考。而港澳高等院校一直以其一流的师资、国际化的教学、现代化的教育理念、理论与实践并重的教学方式吸引着内地学生。港澳高校跨境招收广东学生,主要是通过"全国高考统招"和"自主招生"两种渠道招收本科生,通过"申请入学"的方式招收研究生。

在教育—产业发展的制度保障方面,粤港澳大湾区内多个城市已积极进行了小区域性的尝试,并签署了一系列由双方或三方政府参与的制度协议(表2-6)。其中,2012年深莞惠三市签署了《深圳市东莞市惠州市共建深莞惠区域创新体系合作协议》,提出要发挥深圳的龙头作用,共同构建起以企业为主体、以市场为导向、产学研结合的开放型区域创新体系,并率先建成全国创新型区域,成为亚太地区重要的创新中心和成果转化基地,以提升国际竞争力。这是地方政府首次将合作目标定在区域创新的高度上,且将高等教育正式纳入该创新体系中。同年,珠海、中山、江门三市签订《珠中江区域产学研合作框架协议》,进一步明确了高等教育机构的创新主体作用,确立了三方产学研合作的机制、内容及领域。这是早年以创新联盟和平台为载体来实现区域性创新发展的地方尝试。

  2016年，广东省教育厅出台《广东省教育厅关于启动粤港澳联合实验室建设的通知》，试图以联合实验室建设作为突破口，推动联合开展前沿科学研究、创新人才培养、高水平学术队伍建设、创新运行管理模式和常态化交流。联合实验室建设的方式主要是集中三地在资金、研发、市场等方面的优势资源，在具有优势的科目上研发，整合区域科研实力，以快速、高效推动区域创新发展。目前，粤港澳已形成以深港产学研基地、广州南沙科技园、香港科技大学霍英东研究院以及深圳虚拟大学园区等为代表的、多方主体共同参与的合作基地。深圳虚拟大学园和深港产学研基地更是广东与香港两地开展产学研合作的重要平台，已成为粤港澳大湾区创新合作、经济发展的重要支柱。

表2-6 粤港澳大湾区/泛珠三角区教育制度（节选）

年份	政策文件/制度安排	来源	要点（尤其是涉及教育的）
2004	《内地与香港关于互相承认高等教育学位证书的备忘录》	教育部与香港特别行政区教育统筹局	依法颁发给学生的学位证书的相互承认、进一步加强内地和香港在教育领域的合作、推动两地学生的交流达成协定
2004	《关于加强泛珠三角区域教育交流合作的框架协议》	泛珠三角地区各省教育部门	在全面加强教育交流合作，推进教育资源共享和教育信息沟通，增强教育为经济建设和社会发展服务能力等方面达成共识
2005	《粤港姊妹学校合作协议》（2017年再次签订）	粤港澳政府	内地与港澳中小学结对覆盖面突破了地域限制，结对方式突破了传统路径；粤港、粤澳姊妹学校间开展了涵盖校长、教师、学生和家长等多层次、多领域、多形式的交流互访（2017年）
2005	《泛珠三角区域（9+2）高等中医药院校合作发展框架协议》	泛珠三角地区各省、泛珠三角地区各省高等中医药院校	开展泛珠三角区域中医药学位与研究生教育合作与发展的规划及战略研究；加大区域间科技开发的交流与合作，实现区域内中医药产学研的有效联合
2012	《泛珠三角区域基础教育课程改革与教学研究项目交流合作框架协议》	泛珠三角地区各省教育部门	全面加强泛珠三角区域基础教育课程改革与教学研究交流合作，推进课程改革成果和教学资源共享及信息沟通

续表2

年　份	政策文件/制度安排	来　源	要点（尤其是涉及教育的）
2012	《深圳市东莞市惠州市共建深莞惠区域创新体系合作协议》	深莞惠三市	发挥深圳的龙头作用，共同构建起以企业为主体、以市场为导向、产学研结合的开放型区域创新体系，并率先建成全国创新型区域，成为亚太地区重要的创新中心和成果转化基地
2012	《珠中江区域产学研合作框架协议》	珠海、中山、江门三市	确立了三市产学研合作的机制、内容及领域
2016	《广东省教育厅关于启动粤港澳联合实验室建设的通知》	广东省教育厅	提出面向国际科学前沿，围绕国家和广东省重大需求，以粤港澳三地高校特色优势学科领域为主体，建设一批教育部粤港澳联合实验室，使之成为开展国际科技合作与交流的学术中心、聚集一流学者和培养拔尖创新人才的重要平台、具有重要影响的国际创新基地，引领和带动三地高等教育的交流合作，助推区域创新发展
2008—2019	《推进粤港两地教育交流与合作协议书》	粤港澳三地政府	1. 推进了内地与港澳知名高校合作办学的改革，探索双方合作的新模式、新途径①；允许港澳服务提供者在前海、横琴设立独资的国际学校；支持香港高校到广东省合作办学，加强粤港交流合作；深化涉港澳合作办学联合审批机制的改革 2. 继续推进"姊妹学校计划"的深度合作 3. 推进中国语文教师交流及协作计划；继续执行语言教师培训项目计划；在港澳地区协助国民教育培训及交流活动 4. 促进两地教学改革；加强两地在高等教育和职业教育方面的合作 5. 拓展各类交流项目，扩大交流层次和交流内容并加强教育部门的沟通和信息交流 6. 省内设立港澳人士子女学校和粤港澳合作办学机构，为项目的审核提供便利 7. 允许港澳服务者在省内自贸区设立自费出国留学的中介服务机构
	《粤澳两地教育交流与合作协议》	粤港澳三地政府	
	《粤港教育合作协议》	粤港澳三地政府	
	《粤澳高等教育交流合作备忘录》	粤港澳三地政府	
	《关于加强粤港高等教育交流合作备忘录》	粤港澳三地政府	

数据来源：各官方文件，经作者整理。

---

① 因官方未公布文件的具体内容，故在此援引相关新闻报道和文章中关于合作成果的内容。

第三章 粤港澳大湾区高等教育现状及其发展状况分析

粤港澳大湾区建设重点之一是打造国际教育示范区和全球科技创新中心。目前粤港澳三地高等教育规模较大，拥有高水平大学若干所，普通高等院校175所（约占全国的6.4%），在校学生超300万人（约占全国的7.8%）；高等教育体系相对完整，公办、私立、职业技术学院均有一席之地。虽然香港、澳门特别行政区与内地的教育体系在发展历史、规模、市场化程度、制度保障等方面不同，导致了目前三地高等教育差异化、层次化、多样化发展的独特现状，但是也给未来高等教育战略的制定提供了极大的发挥空间。总体而言，三地历史悠久、丰富多样、实力雄厚且与国际接轨的优质高校资源，以及多类型、多层次的高等教育体系，为打造大湾区作为国际教育示范区和全球科技创新中心提供了坚实的基础。

一、粤港澳大湾区高等教育现状

广东、香港和澳门拥有丰富的高等教育资源，这是粤港澳大湾区教育发展的基础。根据相关数据统计，截至2019年6月，粤港澳大湾区拥有高等院校175所[①]，其中内地9市有143所，香港特别行政区有22所，澳门特别行政区有10所。

就地理分布而言，广州、香港和澳门是整个大湾区高等教育院校的集中点。其中，广州市有84所高等院校及机构，占比48%，香港和澳门分别有22所和10所高等教育机构，占比12.6%、5.7%（图3-1）。

从高等院校性质来看，内地9市高等院校类型比较多样化，有57所本科高校（含4所中外合作办学以及内地与香港合作办学高校）、70所高等职业技术专科学院、4所军警院校、12所成人高校。香港地区则有22所可颁授学位的高等教育院校，其中由大学教育资助委员会分配三年期经常性补助金的院校共有

---

① https://daxue.eol.cn/gd.shtml.

8 所，包括香港大学、香港中文大学、香港科技大学、香港浸会大学、香港理工大学、香港城市大学、岭南大学和香港教育大学①，其他大学则通过民政事务局接受公帑资助（香港演艺学院）或自资运营（13 所）。澳门地区的 10 所高等教育院校中有 4 所为公立院校，分别为澳门大学、澳门理工学院、澳门旅游学院和澳门保安部队高等学校，其他 6 所则为私立性质。

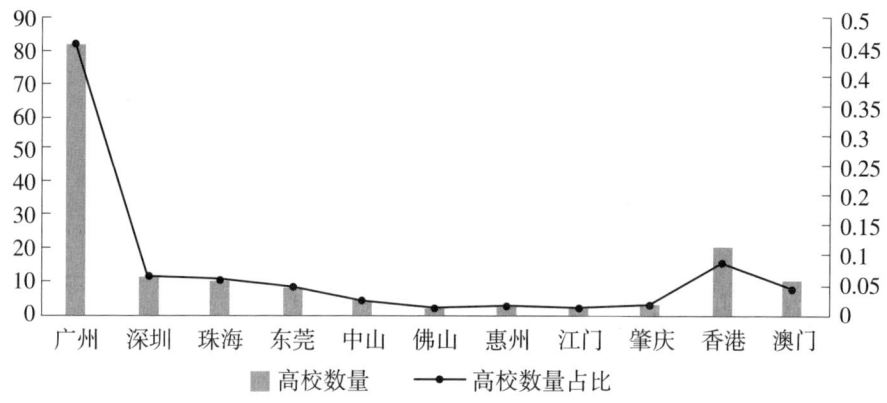

图 3-1　粤港澳大湾区高等院校地理分布概览

数据来源：CEIC，HSBC Research，QS 全球大学排行榜以及各地官方政府公布的最新数据。

从高等教育机构实力来看，粤港澳大湾区呈现香港"一枝独秀"、澳门"紧追其后"和内地 9 市中广州"一览众山小"的局面。具体来看，由于受到地理空间和市场的影响，香港地区高等教育规模相对较小，但却拥有绝对优质的高等教育资源，在国际上具有较大影响力。2019 年 QS 世界大学排行榜中，香港 22 所高等院校中有 5 所进入榜单前 100 位，分别为香港大学（26 位）、香港科技大学（30 位）、香港中文大学（46 位）、香港城市大学（49 位）和香港理工大学（95 位）。尤其突出的是香港大学，是香港本地成立超过百年的公立研究型大学，其排名在香港本地乃至亚洲长期名列前茅。

澳门地区高等教育发展历史相对较短，且长期受到狭窄的地理空间和较小的经济体量的限制，高等教育市场相对狭窄，几所高校都起步较晚。近年来，中央政府和澳门特别行政区政府大力支持高等教育发展，对本地高等院校投入

---

① 香港特别行政区政府教育局：香港可授予学位高等院校［EB/OL］．http://www.edb.gov.hk/tc/edu-system/postsecondary/local-higher-edu/institutions/index.html．

持续增加,高等教育体系从质量到数量都进步明显。澳门大学作为本地唯一一所综合性公立大学,通过建设横琴新校区,明确推行"四位一体"的"博雅教育",教育质量得到质的飞跃,并于2016年获得澳门特别行政区政府颁发的教育功绩勋章。2019年泰晤士高等教育世界大学排名中澳门大学位居351~400之间,在全球年轻大学中排名第52位。

粤港澳大湾区包含的9个内地城市中,广州市的高等教育发展历史悠久,实力最为雄厚,有84所普通本专科院校,位居全国第二(仅次于北京),且拥有湾区内仅有的两所双一流A类大学——中山大学和华南理工大学,还拥有华南师范大学、暨南大学、广州中医药大学三所一流学科建设高校。从国际排名来看,这几所国内知名高校的世界影响力仍有较大进步空间。在2019年世界大学排名中,中山大学分别排名全球第351~400位(泰晤士)和第319位(QS);华南理工大学分别排名全球第501~600位(泰晤士)和第551~600位(QS)。当前,深圳的高等教育发展与其高速的经济发展并不相匹配。深圳的高等教育起步较晚,相对比较落后,目前仅有高校12所,且多为合作办学或者分校形式,本地院校当中表现相对较好的是深圳大学和南方科技大学(表3-1)。

表3-1 粤港澳大湾区内知名高校国际排名比较

地区	学校名称	所在地	国家级	排名(2019)		
				泰晤士	QS	ARWU
广东省	中山大学	广州	双一流A	351~400	319	101~150
	华南理工大学	广州	双一流A	501~600	551~600	201~300
	华南师范大学	广州	一流学科	—	—	801~900
	暨南大学	广州	一流学科	801~1000	—	501~600
	南方科技大学	深圳		301~350		501~600
香港	香港大学	香港		40	26	101~150
	香港科技大学	香港		44	30	201~300
	香港中文大学	香港		58	46	151~200
	香港城市大学	香港		119	49	201~300
	香港理工大学	香港		182	95	201~300
澳门	澳门大学	澳门		351~400	515	501~600
	澳门科技大学	澳门		—	—	501~600

数据来源:泰晤士高等教育特刊和QS世界大学排名网站。

粤港澳大湾区的高等教育实力雄厚，是国内为数不多的高等教育区域型高地。我国在长期的区域一体化发展中，出现了诸多以城市群为代表的发展模式，其中最具代表性的有三个，分别是以北京、天津为中心引领的京津冀城市群，以上海为中心引领的长三角城市群和以广州、深圳、香港和澳门为中心引领的粤港澳大湾区城市群。截至2018年底，粤港澳大湾区共有高校175所，国家重点实验室43个，且教育资源相对较为优质。根据2019年QS和泰晤士世界大学排名，粤港澳大湾区上榜的高校在数量上略微领先于长三角地区和京津冀地区。不得不指出的是，一直以来，京津冀地区和长三角地区就是高等教育发展重地，拥有北京大学、清华大学、复旦大学等百年名校，发展历史悠久（图3-2）。

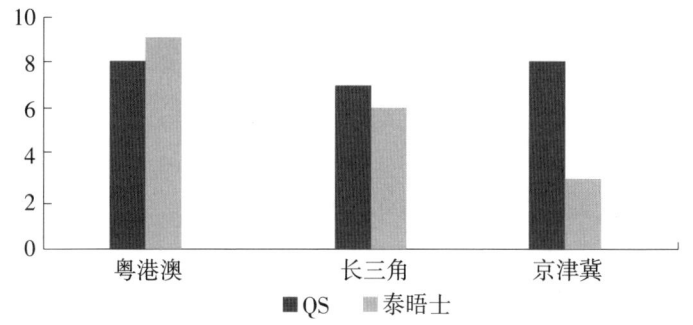

图3-2　国内三大城市群高等教育实力对比（根据2019年世界大学排名）

数据来源：2019QS大学排名，2019泰晤士高等教育世界大学排名。

从世界四大湾区对比来看，粤港澳大湾区高校数目为175所，高校资源较为丰富，在四大湾区中排名第二。排名第一的是纽约湾区，共有高校227所。东京湾区和旧金山湾区拥有高校数目分别为120所和73所。根据2018年上海交通大学的世界大学学术排名，纽约湾区共有27所高校入围世界前1000名，粤港澳大湾区与东京湾区并列第二，皆有17所高校入围，而旧金山湾区则有7所高校入围，排名第四。细化来看，粤港澳大湾区尚未有排名前100的高校，在101～200名中有3所高校，第201～500名中有4所高校，第501～1000名中有10所高校。总的来说，粤港澳大湾区内顶尖大学略微欠缺，其他层次分布较为均匀，梯队排列明显，且具有潜力的后备高校充足。纽约湾区的高等教育资源实力最为雄厚，且层次分布均匀，既有6所高校在前百名行列，又有高校列席其他三个层次。东京湾区拥有东京大学这样一个世界前百高校，其他高校层次与粤港澳大湾区有相似之处，发展较为均衡。旧金山湾区由于体量较小，无法在绝对数量上与其他湾区抗衡，但却拥有 5 所排名世界前一百位的高校，其高校实力不容小觑（图 3-3）。

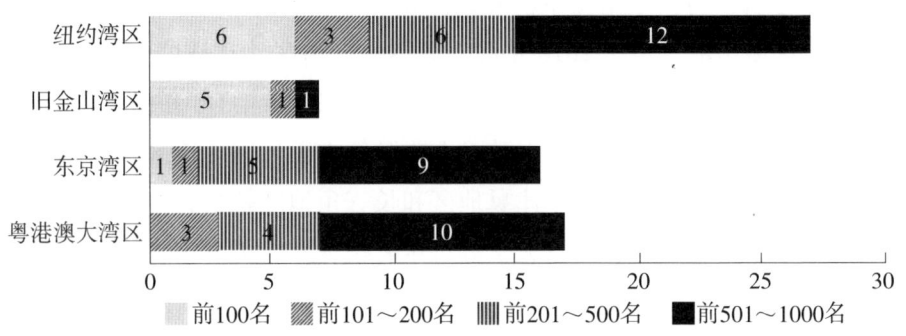

图 3-3　四大湾区分层次高校数量（按 2018 年世界大学学术排名）

数据来源：2018 年上海交通大学世界大学学术排名（ARWU）。

二、粤港澳大湾区高等教育的发展状况分析

为了更全面、更客观地评价粤港澳大湾区高等院校的发展，本书选取多指标、多维度的数据来分析高等院校的潜力，比单一指标或单一维度的数据更具有说服力。本书重点参考当前几个主要世界大学排名指标体系，包括上海交通大学世界大学学术排名（ARWU）、英国 QS 世界大学排名、英国 THE 泰晤士世界大学排名和美国 U. S. News 世界大学排名，基于对这 4 个大学排名指标体系的梳理和研究（附表 1），并综合考量粤港澳大湾区内大学建设的目标和现有的数据材料，选取了师资与教学、科学研究和财政状况三个方向进行重点分析。

1. 师资与教学

一般来说，高等教育的规模是与本地社会、经济发展直接挂钩的。人口密度较大、经济水平较高的地区，往往对高等教育规模有较大的需求。粤港澳大湾区面临的情况恰是如此。广东作为人口大省和全国经济发展较好的地区，自身对高等教育需求较大。同时，其优质的师资也吸引着来自周边地区乃至全国的学生。据最新中国教育年鉴和城市统计年鉴数据显示，2018 年广东省普通本专科在校生 196.32 万人，研究生在校生 12.73 万人，其中当年研究生教育招生 4.25 万人。内地 9 市中，广州市的高等院校在校生人数规模最大，2017 年为

106.7万人，占比超过全省一半，其次规模较大的依次为珠海市、佛山市、东莞市，在校生人数均超过百万。其中，佛山市在2016—2017年，在校生人数增长幅度接近两倍；东莞市在2014—2015年，在校生人数增长幅度接近一倍（表3-2）。

表3-2 粤港澳大湾区内地9市高等院校在校生人数　　单位：人次

地区	年份						生师比
	2012	2013	2014	2015	2016	2017	
广州市	801 944	834 886	863 934	1 043 221	1 057 281	1 067 335	
深圳市	75 570	82 401	87 674	90 112	91 883	80 613	
珠海市	123 206	127 115	132 000	132 000	133 626	136 829	
佛山市	45 778	47 297	46 706	49 395	49 994	121 681	
肇庆市	63 657	66 648	75 810	81 441	86 556	88 520	
中山市	36 326	38 641	39 964	39 951	48 661	53 611	
东莞市	52 381	60 877	69 866	114 626	112 603	118 416	
江门市	30 669	34 345	38 722	39 490	40 055	40 641	
惠州市	24 300	27 012	30 183	34 174	37 322	39 212	
总数	1 253 831	1 319 222	1 384 859	1 624 410	1 657 981	1 746 858	

数据来源：2013—2018年城市统计年鉴。

《广东教育改革发展研究报告（2019）》显示，2018年，广东省博士、硕士、本专科招生计划分别增长12.6%、8.5%、7.3%，高等教育毛入学率达42.43%，比2017年提升约4个百分点。

相比广东而言，香港、澳门地区的高等教育规模较小，在校人数相对也较少。根据香港大学教育资助委员会数据显示，香港地区本地生人数相对较为稳定，2017/2018学年学士学位课程有7.4万人注册，非香港学生人数持续上涨，无论是学士学位还是研究生课程，注册人数呈现连年增长趋势。在2013/2014学年到2017/2018学年阶段非港生的学士学位课程注册人数从8942人次上升到10 841人次，非港生的研究生课程注册人数从5457人次上升到6126人次。这在一定程度上反映了近年来香港地区国际影响力的提升。澳门地区也不断扩大对内地和海外优秀学生的选拔，近些年来国际生比例较高，在2017/2018学年注册学生总数为32 626人（全日制），本地生比例与外地生比例基本持平，其中外地生基本来自内地、香港以及亚洲其他地区和欧洲。根据澳门高等教育辅助办公室数据，澳门高等院校也是以本科生为主，在2017/2018学年，其学士学位、硕士学位和博士学位课程的在校学生数比例大致为10.9∶2.6∶1（表3-3）。

表3-3　香港、澳门高等院校的学生注册情况　　　　单位：人次

按学位类别分类	2013/2014	2014/2015	2015/2016	2016/2017	2017/2018
香港高等院校学生数					
香港学生人数					
副学士课程	5975	5402	5393	5183	4593
学士学位课程	69 277	71 540	72 934	73 577	74 278
研究院修课课程	3316	3380	3346	3149	2917
研究院研究课程	1557	1439	1442	1518	1477
非香港学生人数					
副学士课程	0	2	1	1	0
学士学位课程	8942	9374	9723	10 361	10 841
研究院修课课程	111	95	75	63	83
研究院研究课程	5457	5679	5928	6049	6126
澳门高等院校学生数					
高等专科学位课程	464	76	11	3	0
学士学位补充课程	637	519	124	31	59
学士学位课程	22 152	23 352	15 816	24 638	24 516
学位后文凭课程	203	146	176	246	259
硕士学位课程	4998	5355	1925	5652	5803
博士学位课程	1013	1248	269	2054	2245

数据来源：香港大学教育资助委员会，澳门高等教育辅助办公室。

从教师资源来看，广东省的高等教育教师数量一直处于较为领先地位，2018年起高校专任教师总数接近10万名，其中副高级职称以上教师比例达到38.52%。香港和澳门在教师队伍建设方面有独特的地方，一是国际化程度较高，雇佣较多的非本地教员，例如2017/2018学年澳门地区高等院校外地教师比例为32%（表3-4）。二是教师队伍层次清晰，分为初级、高等教学人员和全职的教学辅助人员。将教学与科研进行明确的划分，同时也将教学中较为基础的事务划分出来，使教学人员可以更为专心地进行教学，提升教学质量。内

地高校一般也设有该职位,但往往与实验室和研究任务联系起来,大多数由硕士生和博士生兼职。

表3-4　2017—2018学年香港、澳门地区高等院校教员人数　　单位:人次

教学人员类别		人数
澳门		
全职教员	本地教员	1054
	非本地教员	460
非全职教员	本地教员	504
	非本地教员	285
总数		2303
香港		
高等教学人员		1978
初级教学人员		3125
教学辅助人员		2711
总数		7814

数据来源:澳门高等教育辅助办公室,香港大学教育资助委员会。

广东地区在专任教师人数和在校生人数上都占绝对优势,但师生比例却并不理想。根据广东省统计年鉴和城市统计年鉴2012—2017年统计数据计算,2017年大湾区内地9市的生师比例(这里采用在校学生数/专任教师数)平均值约为19,即每个老师要负责19个学生。而同年香港和澳门的比例约为14、22。生师比数值越高,即每个老师需要负责的学生数量越多,在一定程度上会造成教学质量的下降。目前,我国高校确定的生师比例标准为14,湾区内只有中山大学基本可以达到此标准(2017年的生师比为14.4),其次是华南理工大学(生师比为19.06)(表3-5)。

表3-5　粤港澳大湾区内地9市高校生师比(在校学生数/专任教师数)

	2012	2013	2014	2015	2016	2017
广州市	16.93759	17.0458	17.02702	17.65538	17.70871	17.43
深圳市	19.43173	19.69431	19.64904	18.67219	18.04458	14.47
珠海市	21.27175	21.70309	24	24	21.09995	20.96
佛山市	27.08757	26.66122	25.80442	26.47106	25.9305	34.92

续表 3 – 5

	2012	2013	2014	2015	2016	2017
江门市	21.81294	23.31636	21.98864	21.90238	21.76902	19.22
肇庆市	25.43228	25.81255	27.06533	26.46766	25.88397	25.97
惠州市	18.28442	18.04409	19.8834	18.05283	19.37799	19.08
东莞市	19.19421	20.62229	22.19377	17.44954	24.21049	22.53
中山市	15.09809	13.1432	24.3238	22.86835	23.56465	24.49
平均数	18.14753	18.26216	18.87192	18.80779	19.08292	19.02

数据来源：2012—2017 年广东省统计年鉴以及城市统计年鉴。

2. 科学研究

以下对三地高校院系专业设置、重点学科建设以及国家重点实验室建设三个方面进行分析。

首先，在院系专业设置方面，《QS 世界大学学科排名》所涉及的学科划分标准基本分为三类：基础学科、主干应用学科和一般学科①。按照此种划分来看，广东高校学科门类较为齐全，主干应用学科规模庞大，尤其侧重工学；香港高校基础学科规模庞大，侧重自然科学，同时工学、商学也较为突出；澳门高校的专业设置较为特殊，和本地市场发展联系非常紧密，特别侧重商务与管理、旅游及娱乐服务等学科。

截至 2019 年，广东省高校共开设 377 种本科专业，12 个学科门类，91 个专业类。工学是广东省内发展最好且最受欢迎的学科。广东省内开设 121 种工学本科专业，占比最高，为 30.82%；工学在校本科生人数最多，为 336 914 人；在全省开设的专业点数最多，为 962 个，占全部学科门类点数比例的 30.82%（图3-4）；近5年来专业点数增长比例最高。

---

① 基础学科包括：人文科学的主体学科由英语语言文学、历史学、语言学、现代语言、哲学、考古学 6 门学科构成；社会科学的主体学科由政治学、经济学、心理学、社会学、人类学、发展研究、统计与运筹学、社会政策管理 8 门学科构成；自然科学的主体学科由数学、化学、生物学、物理与天文学、地球与海洋科学、环境科学、地理学、材料科学 8 门学科构成。主干应用学科由工学、医学、商学、法学构成，工学的主体学科由计算机科学、化学工程、土木工程、电子工程、机械工程、矿物与采矿工程 6 门学科构成；医学的主体学科由牙科学、医学、药学与药理学、兽医科学、护理学 5 门学科构成；商学的主体学科由会计与金融、商业管理研究 2 门学科构成；法学独立存在。一般应用学科由传播与新闻学、教育学、农业科学、建筑学、艺术设计、艺术表演 6 门学科构成。

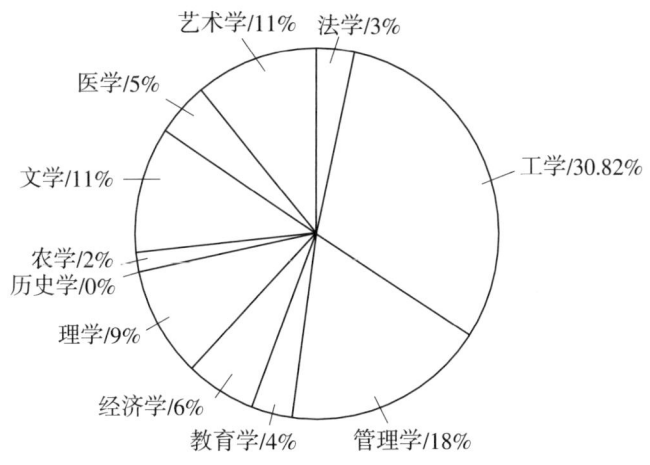

图 3-4 2019 年广东省高校开设专业点数

数据来源：《广东省 2019 年普通高校本科专业设置分析报告》。

香港地区高等教育专业发展较为均衡，三大学科门类均有涉及，这与香港的高校布局密切相关。具体来说，基础学科规模庞大，在人文科学、社会科学、自然科学上都有侧重，例如香港大学和香港中文大学在人文科学、自然科学及医学领域均有发展，而香港科技大学和香港理工大学尤为侧重自然科学的发展。在主干应用学科中，商学是香港高校的发展重点，这也是与香港地区较大的市场需求和本地既有的办学资源相符合。一般学科中，香港城市大学的新闻传播学在国际上也有良好的声誉。澳门地区高校规模较小，但学科发展也在均衡中有所侧重，据数据统计，平均每所高校包含 24 个专业，涵盖工商管理学院、社会科学学院、法学院、教育学院以及人文学院等。其中 2017/2018 学年最多本地学生修读的前五个学科为旅游及娱乐服务（24.26%）、商务与管理（21.02%）、语言及文学（5.84%）、新闻及信息传播（4.44%）和护理及卫生（4.40%）[①]。这也是首次旅游及娱乐服务超过商务与管理，成为最受欢迎的学科。

其次，在重点学科建设方面，经济学、工商管理、语言学、法学、政治学、计算机科学与技术、电子科学与技术以及临床医学等是三地知名高校都重点发展的强势学科。截至 2019 年底，广东省有国家重点（培育）学科 12 个，省部级重点学科（一级）124 个，省部级重点学科（二级）240 个（表 3-6）。在

---

① 数据来自澳门高等教育局官网。

2017年国家"双一流"建设高校名单中,广东省重点建设学科里,中山大学和华南理工大学为双一流A类,可以自主确定学科建设口径。暨南大学、华南农业大学、华南师范大学入选重点建设学科的学科数量较多,均为8个;南方医科大学、广东工业大学、广州中医药大学均有5个学科入选。根据2019年世界大学学科排名来看,中山大学2个学科跻身世界50强,其中酒店休闲管理位居全球第28位,社会政策与管理位居全球第47位;华南农业大学农学与林学学科全球排名第45位。总体说来,内地9市的学科建设国际排名并不突出,仅有3个学科(分布在两所高校)纳入全球50强,这与世界一流名校尚存差距。

表3-6 2019年广东省学科建设情况　　　　　　　　　单位:个

学　科	数　量	学　科	数　量
博士学位授权一级学科点	187	博士后科研流动站	142
博士学位授权二级学科点(不含一级学科覆盖点)	15	国家重点(培育)学科	12
硕士学位授权一级学科点	438	省、部级重点学科(一级)	124
硕士学位授权二级学科点(不含一级学科覆盖点)	81	省、部级重点学科(二级)	240

数据来源:广东省教育厅阳光政务平台。

相比而言,香港地区高校在学科建设方面的成果是大湾区中最为突出的,在全球排行中也一直遥遥领先,梯队比较明显,学科发展也较为均衡。在2019年QS世界大学学科排名前20位中(顶级第一梯队),香港大学有14个学科入围,香港科技大学有5个学科入围,香港中文大学有2个学科入围,香港教育学院、香港岭南大学、香港演艺学院则分别有1个学科上榜。其中比较突出的是香港大学的牙医学科,排名世界第4位;比较特殊的(也是学校唯一的上榜学科)有香港教育大学的教育学、香港岭南大学的哲学专业和香港演艺学院的艺术表演专业(均位列世界第13位)。前100位(坚实的第二梯队)中,香港大学有37个学科,香港中文大学有41个学科,香港城市大学有24个学科,香港科技大学有16个学科,香港理工大学有14个学科,香港浸会大学有2个学科入围。澳门地区学科建设方面比较突出的有两所高校——澳门大学和澳门旅游学院。在2019年QS世界大学学科排名中,澳门大学的款待及休闲管理学(排名第41位),语言学(排名在201~250位),经济学及计量经济学、电机及电子工程和计算科学及信息系统学（排名 301~350 位）较为突出，而其工程学、化学、药理学与毒理学、计算器科学、临床医学及社会科学总论六大学科领域进入基本科学指针数据库（ESI）前 1%（表 3-7）。

表 3-7 港澳地区高校学科建设排名情况　　　　　单位：个

地区	高校名称	QS 排名			ESI 全球排名前 1%
		前 20	前 100	前 500	
香港	香港大学	14	33	N/A	19
	香港中文大学	2	41	4	19
	香港科技大学	5	16	5	13
	香港城市大学		24	8	10
	香港理工大学		14	14	13
	香港浸会大学		2	22	12
	香港岭南大学	1		5	
	香港教育学院	1		3	1
	香港演艺学院	1			
澳门	澳门大学		1	4	6
	澳门旅游学院				

数据来源：2019 年 QS 世界大学排行，ESI（基本科学指标数据库）官网。

第三，国家重点实验室建设方面。国家重点实验室主要是由国家重点实验室、省部共建国家重点实验室和企业国家重点实验室三块组成。这些重点实验室一般是在科技部管理下，由大学和科研院所接受委托建设，是国家顶尖的科学研究基地，代表一个地区或者高校卓越的科学研究实力。

广东省在国家重点实验室建设方面，实现了政府、高校、企业的多元体系，总体实力较为均衡，基础研发与应用研发均有所侧重。截至 2016 年底，全国正在运行的国家重点实验室有 254 个，其中广东省占到 11 个，位居全国第 6（前 5 位分别为北京、上海、江苏、湖北、陕西）。全国建设省部共建国家重点实验室 21 个，广东省有 2 个，全国排名第 2 位（仅次于福建省）。在全国 177 个企业国家重点实验室中，广东省有 13 个，排名第 3 位（仅次于北京、山东）。

目前，大湾区内地 9 市的国家重点实验室和省部共建国家重点实验室集中分布在广州,主要依托于中山大学(4个)和华南理工大学(3个)等科研实力雄厚的985名校,研究领域侧重于应用型研发,例如地学、生物、材料、医学和工程(表3-8)。企业国家重点实验室则分布于广州、深圳、东莞等城市。其中,广州和深圳各拥有5家,这也凸显出这两地政府对科研的支持以及企业在研发上的实力。与以高校为依托的国家重点实验室有所不同,企业国家重点实验室的研究领域更为侧重竞争前共性技术研究,针对的是区域性经济和行业发展需求。

表3-8 粤港澳大湾区内地9市国家重点实验室建设情况

地址	主管部门	依托单位	实验室名称	领域
国家重点实验室				
广州	中国科学院	中国科学院广州地球化学研究所	有机地球化学国家重点实验室	地学
	中国科学院	中国科学院广州地球化学研究所	同位素地球化学国家重点实验室	地学
	中国科学院	中国科学院南海海洋研究所	热带海洋环境国家重点实验室	地学
	教育部	中山大学	有害生物控制与资源利用国家重点实验室	生物
	教育部	中山大学	光电材料与技术国家重点实验室	材料
	教育部	中山大学	华南肿瘤学国家重点实验室	医学
	教育部	中山大学	眼科学国家重点实验室	医学
	教育部	华南理工大学	制浆造纸工程国家重点实验室	材料
	教育部	华南理工大学	发光材料与器件国家重点实验室	材料
	教育部	华南理工大学	亚热带建筑科学国家重点实验室	工程
	广东省科技厅	广州医科大学	呼吸疾病国家重点实验室	医学
省部共建国家重点实验室				
广州	广东省科技厅	南方医科大学	省部共建器官衰竭防治国家重点实验室	医学
	广东省科技厅	广东省微生物研究所	省部共建华南应用微生物国家重点实验室	生物

注:所在地按照第一依托单位计算。

香港地区主要以国家重点实验室香港伙伴实验室名义进行,是在"一国两制"框架下,由国家科技部批准、香港创新科技署负责管理、在香港地区建设的国家重点实验室。目前,香港地区共有16所国家重点实验室伙伴实验室,基本在2005—2013年间成立。这些伙伴实验室分布在香港大学（5所，分别为新发传染性疾病国家重点实验室伙伴实验室、脑与认知科学国家重点实验室伙伴实验室、肝病研究国家重点实验室伙伴实验室、合成化学国家重点实验室伙伴实验室和生物医药技术国家重点实验室伙伴实验室）、香港中文大学（4所，分别为华南肿瘤学国家重点实验室伙伴实验室、农业生物技术国家重点实验室伙伴实验室、植物化学与西部植物资源持续利用国家重点实验室伙伴实验室和消化疾病研究国家重点实验室伙伴实验室）、香港城市大学（2所，分别为毫米波国家重点实验室伙伴实验室、海洋污染国家重点实验室伙伴实验室）、香港科技大学（2所，分别为分子神经科学国家重点实验室伙伴实验室、先进显示与光电子技术国家重点实验室伙伴实验室）、香港理工大学（2所，分别为超精密加工技术国家重点实验室伙伴实验室、手性科学伙伴国家重点实验室伙伴实验室）和香港浸会大学（1所，为环境与生物分析国家重点实验室伙伴实验室）。此外，香港地区在2012—2015年还建设了6家国家工程技术研究中心香港分中心，分别位于香港科技大学（2所）、香港理工大学（2所）、香港城市大学（1所）和香港应用科技研究院（1所）。

澳门地区目前共有4所国家重点实验室，分别是2010年由澳门大学与澳门科技大学联合设立的中医药领域国家重点实验室（2011年正式挂牌为中药质量研究国家重点实验室）；2010年由澳门大学设立的模拟与混合信号超大规模集成电路国家重点实验室，也是广东省与澳门地区第一个微电子国家重点实验室；2018年由澳门大学建立的全国第一个智慧城市物联网国家重点实验室；2019年由澳门科技大学设立的月球与行星科学国家重点实验室。均由科技部批准，在国家科学技术发展基金支持下成立。

3. 财政状况

高等院校的财政状况一般包括收入和支出两部分。两部分的情况可以用来分析其经费是否充足、来源是否稳定以及支出结构是否合理等。从整体来看，广东经济发展状况良好，政府对教育投入力度较大，高等教育财政状况良好。根据广东省教育厅的最新数据显示，2018年普通高等学校生均预算内教育事业经费支出为25 877.26元，与2014年相比，增长幅度达80.18%（图3-5）。

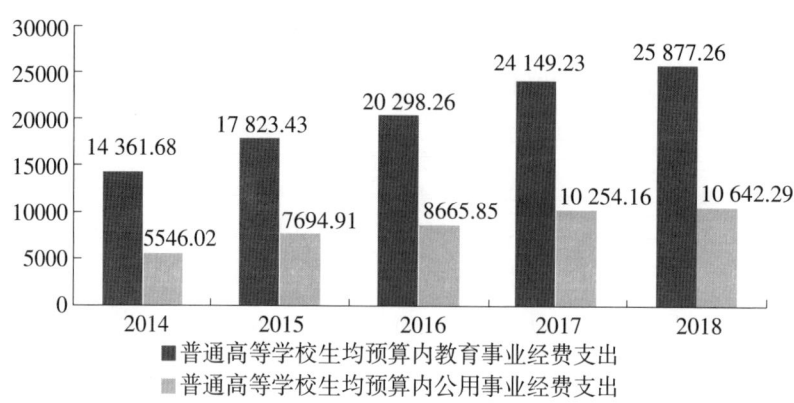

图3-5 广东省高等教育生均经费指标情况（单位：元）

数据来源：广东省教育厅阳光政务平台。

从已经公布的数据看，中山大学和华南理工大学作为两所双一流大学建设高校，其预算经费最为充足，但二者之间也略有差别。2019年中山大学总预算为175.17亿元，在教育部直属高校当中排名第四（仅次于清华大学、浙江大学和北京大学）。与2018年相比，总经费增加了40.25亿元，增长幅度达29.83%。华南理工大学2019年总预算为70.98亿元，增幅保持稳定，但总数却不到中山大学的一半。深圳大学2019年总预算为50亿元，也较为稳定。值得关注的是，2019年度财政经费增幅最大的三所院校为南方科技大学、广州大学和中山大学，增幅比例分别为31.99%、31.36%和29.83%。从人均预算经费来看，南方科技大学由于其在校生总数较少，因此人均经费高达54.66万元，排名第一；排名第二的是中山大学，其人均预算经费为33.99万元；华南理工大学和深圳大学分别以15.98万元和14.2万元的人均预算位居第三和第四。但总体来说，这几所高校的经费都较为充足，这也为它们提高教学质量、提升学校建设实力提供了重要保证（表3-9）。

表3-9 部分高校财政经费状况

	2019年总经费(亿元)	2018年总经费(亿元)	增长数(亿元)	增长率(%)	财政拨款(亿元)	占比(%)	人均预算经费(万元)
中山大学	175.17	134.92	40.25	29.83	27.71	15.82	33.99
华南理工大学	70.98	71.75	-0.77	-1.07	20.1	28.32	15.98
深圳大学	50	49.37	0.63	1.28	39.89	79.78	14.2

续表 3-9

	2019年总经费(亿元)	2018年总经费(亿元)	增长数(亿元)	增长率(%)	财政拨款(亿元)	占比(%)	人均预算经费(万元)
广州大学	29.53	22.48	7.05	31.36	21.42	72.54	
南方科技大学	29.42	22.29	7.13	31.99	29.05	98.74	54.66
华南师范大学	20.36	17.73	2.63	14.83	7.99	39.24	5.96
华南农业大学	18.95	16.65	2.3	13.81	8.1	42.74	4.65
广东工业大学	18.62	18.32	0.3	1.64	8.77	47.10	
广东外语外贸大学	11.59	10.34	1.25	12.09	4.04	34.86	5.02
南方医科大学	9.8	9.31	0.49	5.26	5.34	54.49	
广州中医药大学	9.31	7.43	1.88	25.30	4.8	51.56	2.19
汕头大学	6.77	7.39	-0.62	-8.39	1.76	26.00	
广东医科大学	6.3	6.38	-0.08	-1.25	3.17	50.32	

数据来源：各高校官方财报。

从政府在高等教育方面的支出金额来看，2017年香港特别行政区政府支出高达1849.5亿港元（约1520亿元人民币），高于广东省政府的1367.9亿元。从两地政府高等教育支出金额的年变化情况来看，尽管两地每年的教育支出都在不断增加（2012—2017年香港特别行政区政府的支出金额从1163.3亿港元上升至1849.5亿港元；广东省政府的支出金额从756.48亿元上升至1367.9亿元），但是广东省的支出金额年上升幅度较大，与香港政府的高等教育支出差距也在不断缩小。

从高校所获得的财政拨款来看，内地高校的财政拨款占其收入的比重差异较大。例如南方科技大学基本为财政拨款，2019年财政拨款比例高达其总收入的98.74%；深圳大学财政拨款所占的比例也在70%以上。相比这些大学，中山大学和华南理工大学的收入来源则较为多样化，尽管它们接受财政拨款的金额均高达20亿元，但占其预算总数的比例却较低。例如，中山大学的第二大收入来源为事业收入（主要包括科研项目收入、技术转移收入以及产品研发投市收入），占比25%～42%。这一类型收入曾一度超过财政资助。澳门地区大学的收入来源与内地稍有不同。澳门大学财政拨款的收入占比也较高，占63%～71%。其第二大收入来源为学费和课程收入（这主要归功于其拥有较高比例的留学生，约占半数以上）。香港大学和香港科技大学的财政拨款收入占比分别为

44%～63%和49%～58%。与澳门大学相似，香港高校的第二大收入来源也是学费和课程收入。

从三地政府对高等教育的财政投入占其政府总开支的比例来看，澳门特别行政区政府的高教支出比例最高，占比超过5%，而广东省政府的高教支出占比最低，仅约为2%。从近几年的支出数据来看，在2012—2017年，香港特别行政区政府教育支出的占比是逐年递增的，而广东省政府与澳门特别行政区政府支出比例却呈现下滑趋势。从高校的具体支出方向上看，科研支出值得重点比较。目前，大湾区9市中，科研支出比例最高的为南方科技大学，其2019年的科研支出为5.9亿元，占该校总预算的20%左右。深圳大学科研支出为2.4亿元（并且其明确指出将投入1亿元用于学科建设及人才引进，投入0.3亿元用于引进高端人才），占比4.83%，排第二。这也反映了深圳市近年来高端人才引进计划的举措。相比之下，传统高校的科研支出比例则一直较为平稳，例如中山大学和华南理工大学，占比均为1%左右。港澳地区财政支出中，教学与科研支出占比最高。但需要特别指出的是，港澳两地在电脑设备购买和维护、教学服务的改进、校舍维护和校园基础设施的运营维护等方面的开支比例也相对较大。澳门大学2014年横琴校区的搬迁，造成其校园运营维修支出占比高达21.4%，为5年之最。

三、小结

粤港澳大湾区高等教育是一个囊括三地175所高校、11个城市、3种不同的教育体系、多种不同属性教育院校在内的复杂整体。大湾区高等教育资源丰富，且品种多样化，既有香港大学、香港科技大学等国际化程度较高的国际一流名校，又有中山大学、华南理工大学等国内实力雄厚的科研院校，也有南方科技大学等改革试验性高校。作为改革开放的前沿阵地，大湾区的高等教育在过去40多年中呈现了多样化的发展，这为大湾区高等教育的进一步融合以及质量的提升打下了坚实的基础。但大湾区的高等教育发展也有几点值得注意。

第一，三地的高等教育均存在着发展瓶颈。内地9市的高等院校虽然数量众多，但由于追求扩招、扩校，在一定程度上忽略了质量的提升，导致世界顶尖级名校匮乏，这与真正意义上的区域性教育重地尚有差距。同时，在学科建设上过于侧重应用学科建设，对于基础学科有所忽视，这就会存在后续研发能力不足的问题。而香港、澳门地区拥有一批世界一流大学，但本地市场较小，存在一定的教育资源过剩的现象。与国际一流院校相比，港澳高校吸引一流生源的能力略显薄弱，未来将会出现与内地高校抢夺国内优秀生源的现象，就此来看，三地的生源抢夺必会造成一种极大的内耗。长此以往，对粤港澳大湾区的高校建设前景非常不利。

第二，三地的高等教育合作存在着战略困境。目前，粤港澳三方的教育合作方式主要是跨境招生、合作办学以及学术交流等，合作层面较浅，而对于具有系统化和特色化学科设置等真正需要深层次合作的环节却尚未展开。目前的合作办学基本是对港澳高校模式的单纯性移植和复制，缺乏和本地经济社会发展的有效结合，也缺乏对于其办学本质理念的贯彻和学习，或将导致合作办学变成一种商业行为，背离原有的高等教育的初衷。

近年来，高等院校在许多东亚国家迅速扩张，随之而来的是教育质量普遍下降。因此，如何既能够与世界各地其他院校竞争，又能够保留其原来的办学特色，也将是粤港澳大湾区高等教育面临的首要问题。无论是中国内地，还是香港、澳门，在过去的20年里，高等教育都经历过快速扩张的发展阶段。尤其是内地，当前高等教育总体规模已位居世界第一。但因为不合理的教育资源分配方式（如师资）、缺乏内部质量保障体系（如缺少课程质量标准、对学生学习投入和教师的教学投入缺少必要的约束等问题）、政府主导力量过于强大以及缺少问责机制等问题的出现，导致人们对高等教育质量提出了质疑。

从某种意义上说，粤港澳大湾区高等教育存在的问题，也恰恰是其未来发展的突破点。三地之间差异化的教育模式、学科设置以及市场规模等，都是三方合作的立足点。港澳地区具有世界一流高校的品牌专业、领先的高等教育运行管理机制、国际通行的教学理念、国际化的人才培养模式以及完善的高等教育培训体系、实力强大的国际研究水平等诸多优势，而广东的高等教育则拥有强有力的财政资金支持、雄厚的理工科研实力、完整的高等教育人才培养及科学研究体系和地域宽广、行业发展健全、学生生源充足等优势，这都是不容忽视的发展潜力。因此，三地的高等教育合作应该依托各自的资源优势，共同合理布局优势学科，探索多种形式的合作办学模式，支持各方以其所长共建实验室和研究中心，联合培养高层次人才，以在合作中谋求共同发展。

第四章 粤港澳大湾区内的中外合作办学以及内地与港澳合作办学模式

中外合作办学模式是我国高等教育积极与世界接轨和教育对外开放的重要形式。自改革开放以来,特别是在2004年教育部颁布《中外合作办学条例实施办法》后,我国逐步树立"跨国界、跨文化、跨专业的教育"的合作办学理念,通过借鉴世界一流高校先进的办学理念、治理模式、人才培养方式以及教学方法,进一步提升我国高等教育国际化水平和教学科研实力,以培养具有国际视野、通晓国际规则、参与国际事务和竞争的优秀创新人才和世界公民。当前,合作办学模式也是粤港澳大湾区高等教育在合作发展方面的重要尝试,是对多方资源的优化配置和合理利用的积极探索,也给未来大湾区深度融合发展提供了宝贵经验。考虑到广东与港澳合作办学和合作办项目已成为大湾区建设的发展趋势,本章将对中外合作办学模式的发展历程作一个回顾与分析,详细梳理广东省内的中外合作办学以及内地与港澳合作办学的现状,并对香港中文大学(深圳)进行详细的案例分析,以期能总结摸索出有效的办学经验。

一、中外合作办学模式历程及发展现状

目前,中外合作办学、公办学校和民办学校是我国高等教育的重要组成部分,而其中中外合作办学起步最晚,仅有不足30年的发展历程。1993年,国务院印发《中国教育改革和发展纲要》,该纲要首次提出"在国家有关法律法规的范围内进行国际合作办学",标志着中外合作办学正式拉开序幕。自此,中外合作办学正式开始发展,其发展历程基本可以分为三个阶段。

第一阶段:起步阶段(1993—2003年)。

自1993年国务院指导性文件下达后,原国家教委结合大量调查发布了《关于境外机构的个人来华合作办学问题的通知》(下称《通知》),初步认可了中外合作办学实践的可能性。1995年,原国家教委在此《通知》的基础上,正式

制定和颁布了《中外合作办学暂行条例》，奠定了中外合作办学政策性的基本框架。该条例就中外合作办学的意义、性质、必要性、应遵循的原则、审批标准及程序、办学主体及领导机制、证书发放及文凭学位授予、监督体制等方面均作了规定。在此之后，中外合作办学迎来第一轮发展期。从1995年全国只有71个中外合作办学机构和项目，到2003年9月底，中外合作办学机构与项目达到712个，在不到10年的时间内增长了10倍[①]。可以说，中外合作办学在起步阶段即已进入快速发展的轨道。从对外合作的国家来看，这一时期的合作方主要是美国、加拿大等教育大国；就中外办学机构在中国的地理分布而言，在全国28个省份均有分布，但以东部沿海等经济发达地区为主。

第二阶段：制度建设阶段（2003—2010年）。

伴随着1999年高校扩招和2001年中国加入世贸组织两个标志性事件，我国高等教育发展开始面对量的增加和质的提升双重压力，无疑将引进优质教育资源提到了更重要的位置。对此，中外合作办学相关的制度调整和建设也就迫在眉睫。2003年教育部出台的《中华人民共和国中外合作办学条例》，正式将中外合作办学审批程序全面纳入教育部来统一审核与管理，以便能保障各方的合法权益，并有助于加强相关的管理和监督力度。2004年《中华人民共和国中外合作办学条例实施办法》出台，进一步指出办学项目应当在国内新兴和急需的学科专业领域开展。这两个具有框架和指导性文件的颁布，在很大程度上促进了中外合作办学项目的急剧发展。但在各项制度尚不完善的情况下，许多问题，诸如质量监管、利益纷争相继出现。对此，教育部于2005年和2006年连续出台《教育部关于若干中外合作办学机构和项目政策意见的通知》《教育部关于当前中外合作办学若干意见的意见》，以进一步调整和完善相关制度。在2006—2009年短暂的4年里，中外合作办学处于暂停审批阶段，这主要是为了调整和复核已建设的项目和学校，以纠正相关问题和完善相关制度体系。

第三阶段：调整提升阶段（2010年至今）。

2010年颁布的《国家中长期教育改革和发展规划纲要（2010—2020年）》明确提出要鼓励推动和规范发展中外合作办学，并正式将"教育国际化"写进政府规划纲要中，这导致中外合作办学出现"井喷"式发展。这一阶段，各种规定条例、实施办法等法律法规的出台，不仅从法律层面确定了中外合作办学

---

① 《中国中外合作办学的三个发展阶段》，《中国教育报》2005年8月5日，第3版。

法规，而且建立了一整套包括主政策、配套政策、补充性政策在内的较为完善的中外合作办学政策体系。自此，中外合作办学如雨后春笋，进入高速发展阶段。合作办学的国家也从早期的美国、加拿大迅速扩大到英国、澳大利亚、德国等众多国家；合作方向也明确为工科、管理学科等时代发展所迫切需要的科目。

2016年后，国家就中外合作办学模式又进行了两个方向的重要调整：一是强调优质资源的引入。2016年，国务院办公厅印发《关于做好新时期教育对外开放工作的若干意见》，强调优质教育资源的向内引进和向外推广两个合作维度，并再次重申合作的目的是不断提升我国教育的整体质量。二是进一步完善了退出机制。2018年，教育部依法终止了234个本科以上中外合作办学机构和项目①，这主要是针对实际意义上已停办项目且无在读学生或是合作项目推进缓慢等情况。从调整方向上，前者强调了优质资源的引入，后者完善了退出机制，二者在进一步提高中外合作项目质量、推进中外合作办学改革方面都有着显著的效果。这也标志着中外合作办学改革正式迈入了质的提升阶段。

我国的中外合作办学有合作设立机构和合作举办项目两种形式。至2018年6月，我国有中外合作办学机构和项目共2342个，其中本科以上机构和项目共1090个②。从办学规模来看，据不完全统计，截至2019年底，各级各类中外合作办学机构在校生总数约55万人，其中高等教育阶段在校生约45万人，占全日制高等学校在校生规模的1.4%。高等教育阶段中外合作办学毕业生超过150万人③。引进了包括美国杜克大学、美国纽约大学、英国诺丁汉大学等诸多知名境外高校。中外合作办学作为一种新的教育形式，替代了部分自费出国留学，实现"不出国的留学"，扩大了教育内需。满足了人民群众对高质量、多元化教育的需求。

二、广东省内的中外合作办学以及内地与港澳合作办学现状

广东省处于改革开放的前沿，与港澳地区联系密切，一直以来都是中外合作办学的重地。根据教育部公布的数据，目前，在广东省内设立的中外合作办学以及内地与港澳合作办学机构共有8个，位居全国第四（仅次于上海、江苏、

---

①②新华社：《教育部批准终止234个本科以上中外合作办学机构和项目》，载中华人民共和国中央人民政府网站，2018年7月4日，http://www.gov.cu/xinwen/2018-07/04/content_5303515.htm。

③ http://www.crs.jsj.edu.cn/news/index/80。

辽宁），中外合作办学以及内地与港澳合作办学项目有 25 个。此外，广东省教育厅公布的 2018 年数据显示，广东省有 17 个高职院校中外合作办学以及内地与港澳合作办学项目和 16 所院校 35 个专科层次中外合作办学以及内地与港澳合作办学项目。

中外合作办学以及内地与港澳合作办学机构大致可以分为独立法人和非独立法人两种。目前，全国仅有 9 所具有独立法人资格且可进行本科招生的机构，而广东省就有 4 所，以接近一半的比例位居全国之首。这 4 家机构分别为香港中文大学（深圳）、北京师范大学—香港浸会大学联合国际学院、广东以色列理工学院、深圳北理莫斯科大学。这 4 家合作办学机构均采用外语教学和大比例海外师资配备，国际化程度较高。其中，北京师范大学—香港浸会大学联合国际学院成立于 2005 年，是全国第一家由内地与香港特别行政区合办的大学，设立学科偏向于社会人文科学和工商管理学等，本科毕业生学成后获颁北师港浸大毕业证书和香港浸会大学学士学位。深圳北理莫斯科大学则是由北京理工大学与莫斯科大学在深圳设立的办学机构，属于独特的异地办学机构，留学生比例较高，为 40% 左右，其学科特色为数学与应用数学、材料科学与工程以及外国语言文学（俄语），充分结合了两个主办学校的学科优势。广东以色列理工学院是由汕头大学与以色列理工学院合办，主要生源为广东本地学生，但其师资配备中以色列理工学院教师比例超过 1/3。该校为典型的理工科院校，专业设置为化学工程与工艺、生物技术和材料科学与工程。此外，广东省有 4 所非独立法人的中外合作办学机构，为暨南大学伯明翰大学联合学院、东莞理工学院法国国立工艺学院联合学院、中山大学中法核工程与技术学院和中山大学—卡内基梅隆大学联合工程学院。与独立大学不同的是，这 4 个机构分别设置在暨南大学、东莞理工学院和中山大学校园内，作为高校的下属学院，共享校园基础设施，并接受统一管理。

目前，广东省共运行 22 个本科及以上中外合作办学项目，均保持了较高的合作层次。从颁发证书来看，共有 3 个博士项目、7 个硕士项目、2 个学士项目和 10 个本科项目（见附表 2）[①]。国内共有 15 所院校参与项目合作，既有国内一流院校，例如北京大学、清华大学，也有地区重点大学，例如华南师范大学、

---

① 学士项目与本科项目略有不同：一般学士项目中方不颁发证书，由外方颁发学士学位证书。本科项目由中方颁发本科毕业证书、本科学位证书，而外方颁发学士学位证书。

华南农业大学,其中广东外语外贸大学和北京师范大学珠海分校分别参与3个中外合作办学项目。参与广东省合作办学的项目机构大多来自教育水平较高的国家,目前有10个国家参与了广东省的中外合作办学项目,其中美国参与数量最多,为6个,英国以4个项目排名第2(表4-1)。

表4-1 广东省中外合作办学项目基础统计

国内参与院校	数量	国外参与国家	数量
广东外语外贸大学	3	美国	6
北京师范大学珠海分校	3	英国	4
中山大学	2	法国	2
北京大学	2	葡萄牙	2
华南师范大学	2	新加坡	2
南方医科大学	1	德国	2
广东工业大学	1	印度	1
华南农业大学	1	爱尔兰	1
北京理工大学珠海学院	1	加拿大	1
清华大学	1	澳大利亚	1
广州商学院	1		
华南理工大学	1		
天津大学	1		
广东技术师范大学	1		
广州大学	1		

数据来源:中华人民共和国教育部 中外合作办,http://www.crs.jsj.edu.cn/aproval/getbyarea/7.

2018年,广东省共有17个高职院校中外合作办学以及内地与港澳合作办学项目,其中有16个分布在大湾区9个市内,广州市就有11个。广东省该类项目的合作国家一般来自较为发达的国家或地区,其中澳大利亚参与9个项目合作,是合作项目最多的国家,其次为美国和加拿大,分别有2个合作项目。与本科及以上中外合作办学项目不同的是,高职院校类项目的专业设置更偏向应用类,其中商科类专业占比最高,约58%,这符合高职院校的发展定位。

与此同时,广东省与港澳地区有2个合作办学机构(北京师范大学—香港浸会大学联合国际学院和香港中文大学(深圳),两所合作办学机构都是具有独立法人的机构)和3个合作办学项目。引入这些中外合作办学以及内地与港澳合作办学项目的初衷是引入先进管理经验和教育理念，从而切实推动中国高等教育的改革。

就广东省与港澳地区合作办学项目而言，几个合作项目均为硕士研究生项目，合作层次较高（表4-2）。内地参与方主要为北京大学和清华大学，港澳参与方主要是香港中文大学和香港科技大学，这几所一流大学合作办学，确保了办学质量。

表4-2 粤港澳大湾区内的内地与港澳合作办学状况

合作办学机构	1. 北京师范大学—香港浸会大学联合国际学院 2. 香港中文大学（深圳）
合作办学项目	1. 北京大学与香港中文大学合作举办金融学专业硕士研究生教育项目 2. 北京大学（汇丰商学院）与香港科技大学合作举办工商管理硕士学位教育项目 3. 清华大学与香港中文大学合作举办工商管理（金融与财务方向）硕士学位教育项目

数据来源：中华人民共和国教育部 中外合作办，http://www.crs.jsj.edu.cn/aproval/getbyarea/7.

北京师范大学—香港浸会大学联合国际学院（UIC）是国内第一所博雅型大学。博雅教育（Liberal Arts and Science Education）即通识教育，是美国部分一流高校在本科教育阶段所采用的教育模式，主要通过多学科融合的方式，促使学生建立完整的知识体系，培养全人型人才。北京师范大学—香港浸会大学联合国际学院不仅积极加强博雅教育在校内的实践，连续举办中美博雅教育论坛，也不断加强对博雅教育的国内宣传。

另外一所具有独立法人资格的合作办学机构是香港中文大学（深圳），是由广东省政府牵头、香港高校参与的合作办学机构。香港中文大学（深圳）的发展重点是引入了香港中文大学的书院制度。书院制度主要是为了实现通识教育（素质教育）和人才教育相结合，从而达到均衡教育目标的一种学生教育管理制度。主要通过本科生导师制、通识教育课程、拓展学术及文化活动等多种方式，并鼓励不同专业、不同背景的学生混合住宿，从而形成一个以导师为引领、学生为主导的具有不同文化、不同专业、不同方式的全面教育环境。这也是鼓励学生跨学科交流，拓展学生兴趣，培养团队合作精神，锻炼学生组织和领导能力，并最终创造一个自我学习和互相学习的学习生活环境。书院制度不仅仅是让学生将学习融入整体的住宿氛围中，也是将学生受教育的方式从正式的授课制扩展到各种类型的非正式环境中。此外，书院制度还包括诸多研讨会、周会、讲座及茶聚等不同形式的聚会会面，海外交流及外访计划、师友计划、社区服务，还有多种学生社团组织的课外活动。这些活动可以与正规课程相辅相成，共同培养学生的人际交往技巧、文化品位、自信心和责任感。同时，书院设立奖学金和经济援助计划，以帮助学生最大限度激发个人成长潜力。目前香港中文大学（深圳）有逸夫书院、学勤书院、思廷书院以及祥波书院。

三、香港中文大学（深圳）案例

香港中文大学（深圳）[以下简称港中文（深圳）]是由广东省政府牵头，深圳市政府引进，香港高校参与的合作办学机构。《国务院办公厅关于开展国家教育体制改革试点的通知》（国办发〔2010〕48号）中明确提出"以提高质量为核心，解放思想，勇于实践，大胆突破，激发活力，努力形成有利于教育事业科学发展的体制机制"[1]。随后，广东省倡导"适应经济社会发展需求，改革高等学校办学模式"，并就此提出了两种试点方案，一是探索高水平中外合作办学模式，培养国家紧缺的国际化创新人才，建立具有区域特色的国际教育合作与交流平台，完善中外合作办学质量保障机制，提高中外合作办学水平。二是加强内地高校与港澳知名高校合作办学。2011年，在深圳市政府的支持下，香港中文大学与深圳大学签订了合作协议（合作办学方式要求有内地合作方，但深圳大学并不实质参与）。[2] 2014年，港中文（深圳）正式成立，坐落在深圳市龙岗区，占地面积约100万平方米，分为上园、中园和下园，既摆脱了香港地理空间狭小对高等教育发展的限制，也充分满足了深圳高等教育的长远发展需求。

在这样的背景下，港中文（深圳）的办学目的就不仅仅是建设一个高等院校，而是在于培育具有国际视野、才德兼备的创新型高层次人才，并为国家高等教育体制改革探索新路，推动珠江三角洲地区的长远综合发展。[3] 可以说，这是国家教育改革探索的试验点之一，也是大湾区中内地与港澳地区教育深入合作的探索性尝试。因此，本节将其作为中外以及内地与港澳合作办学的一个特别案例进行详细分析，以期总结探索出高水平中外合作办学以及内地与港澳合

---

[1] http://www.crs.jsj.edu.cn/news/index/80.
[2] 《香港中文大学（深圳）两年工作回顾》。
[3] 香港中文大学（深圳）官网介绍。

作办学模式的有效办学经验。

港中文（深圳）自建立以来虽然仅运营5年，但已探索出一套有特色的办学经验。

（1）制定了明确的发展规划，并严格控制办学规模

港中文（深圳）从建校起，便得到了深圳市政府、广东省政府、香港中文大学等多方的大力支持和关注，资源非常充沛，有明显的办学优势。但是，港中文（深圳）并没有盲目地进行扩建、扩招等外延式发展，反而制定了明确的发展规划，即定位为研究型大学。在机构设置上，目前有经管学院、理工学院、人文社科学院3个学院以及1个研究生院和7个研究院（瓦谢尔计算机生物研究院、科比尔卡创新药物开发研究院、切哈诺沃精准和再生医学研究院、霍普克罗夫特高等信息科学研究院、深圳市大数据研究院、机器人与智能制造研究院和深圳高等金融研究院），涵盖理科、工科、经济管理类和人文社科类等专业。[①]

同时，港中文（深圳）也制定了严格的招生计划，并有步骤、分阶段性地进行（表4-3）。从招生规划来看，港中文（深圳）每年在校生的规模控制在1万人左右，这个规模在国内大学中算是较小的（2017年世界大学排行榜中的大学在校生平均规模为2.5万），且在2017/2018学年，该校的生师比仅为9.56∶1（本科生/专任教师），为目前大湾区高等院校中最低，保证了一定的教学质量。在过去的几十年间，中国致力于扩大办学规模，乃至出现了诸多超级大学，但质量提升进程缓慢，在世界大学排名中表现平平。因此，适当地控制办学规模，保证对教学和科研资源的合理利用和优化配置，是追求内涵式质量发展的合理道路和应有之义。

表4-3　香港中文大学（深圳）招生规划（单位：人）

	年份	在校生	本科生	研究生
第一阶段	2014—2017	3500	2700	800
第二阶段	2018—2021	6200	4500	1700
第三阶段	2022—2025	11000	7500	3500

数据来源：香港中文大学（深圳）本科招生常见问题汇总（2018-06-15）。

---

① 香港中文大学（深圳）官网介绍。

（2）采用综合评价录取模式：高考基础的综合评价录取（631）模式为主＋"双轨制"录取＋外语保送

从目前生源来看，港中文（深圳）的本科招生主要以内地学生为主，采用高考基础上的综合评价录取模式（即6＋3＋1）来选拔国内的优秀生源。学生须参加港中文（深圳）的入围测试以及当年的高考，其最终综合评价的总成绩计算标准为：高考成绩（占比60%）加上入学测试成绩（占比30%），再加上普通高中学生学业基础会考成绩（占比10%）。在综合成绩评分相同的情况下，高考成绩将起到决定性的作用。这种综合评价录取的方式更能全面考查学生素质，且入围测试主要针对学生中英文的使用能力，用以判断他们能否适应港中文（深圳）的学习环境。同时，为确保优秀生源被录取的概率，港中文（深圳）在部分省份采用"双轨制"录取模式，增加提前第一批本科批次录取。目前，国内采取"双轨制"的省份有6个，分别为：广东省（2015年）、浙江省（2015年）、上海市（2017年）、山东省（2019年）、江苏省（2019年）、福建省（2019年）。此外，从2018年开始，港中文（深圳）在全国16所外国语学校的英语类考生中，通过单独外语类保送生考试的方法进行择优录取。

根据《中国最好大学排名——生源质量排名2018》，港中文（深圳）成立仅2年时就已名列全国第28位，发展潜力较大。2014—2018年，港中文（深圳）在内地招生的省份从17个逐步扩大为25个（2019年为26个省份），招收学生也从300人扩大到951人，增加了两倍多。从生源质量上看，港中文（深圳）一直处于高位攀升状态，绝大部分录取考生的成绩位于所在省份考生排名前1%。2017年，25个省份中，理科平均分超过各地一本线124分，文科平均分超过各地一本线81分（图4-1）。[①] 此外，港中文（深圳）也鼓励有一技之长（在数学、物理、化学、生物、英语或作文等单科方向成绩突出）的学生报考。近几年来，港中文（深圳）所录取的研究生质量也比较高。2017年，港中文（深圳）共录取硕士研究生328名，博士研究生18名，这些学生大多数来自国内外著名大学[②]。

---

① http://admissions.cuhk.edu.cn/upLoad/admissions/%E9%A6%99%E6%B8%AF%E4%B8%AD%E6%96%87%E5%A4%A7%E5%AD%A6%(%E6%B7%B1%E5%9C%B3) 2018%E6%9C%AC%E7%A7%91%E6%8B%9B%E7%94%9F%E7%94%9F%E6%BA%90%E8%B4%A8%E9%87%8F%E6%80%BB%E4%BD%93%E6%83%85%E5%86%B5 BB（20180605）.pdf.

② http://www.cuhk.edu.cn/zh-hans/news/6082.

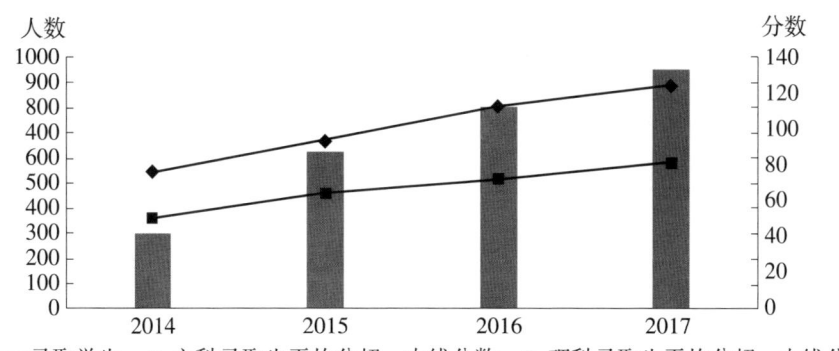

图 4-1 2014—2017 年香港中文大学（深圳）本科生录取状况

数据来源：香港中文大学（深圳）官网数据。

（3）国际化程度较高，能充分与国际接轨

港中文（深圳）通过全球招聘的方式，严格选拔、合理布局，形成了一支世界一流的国际化师资队伍。截至 2018 年 12 月底，港中文（深圳）共有 341 名专兼职教学人员，其中有 280 多名为国内外重点引进，包括诺贝尔奖得主 4 名，图灵奖得主 2 名，菲尔兹奖获得者 1 名，国内外院士 14 名，IEEE Fellow 13 名，国家级专家 21 名，国家杰出青年 5 名，教育部及广东省人才计划入选者 14 名，深圳及龙岗区各类人才项目入选者 100 余名等。[①] 在其 277 名专任教师中，93.5% 以上有境外以及港澳台学历（表 4-4）。

表 4-4 香港中文大学（深圳）国际化师资队伍结构

		研究生占比（%）	助理教授以上职称占比（%）	境外（含港澳台）学历占比（%）
总专任教师	277	100	48.17	93.50
人文社科	107	100	13.08	90.65
经管类	65	100	81.54	98.46
理工类	105	100	79.05	93.33

数据来源：《香港中文大学（深圳）2017—2018 学年本科教学质量报告》，作者整理。

港中文（深圳）也积极推动与海外多所知名院校开展多种形式的合作交

---

① 《香港中文大学（深圳）2017—2018 学年本科教学质量报告》，cuhk.edu.cn/sites/dofauts/files/imce/user/7/xiang-gang-zhong-wen-da-xue-shen-zhen-2017-2018xue_nian_ben_ke_jiao_xue_zhi_liang_bao_gao_final.pdf.

流，包括暑期课程协议、交换或者交流协议、本硕连读协议、联合培养项目、合作培养协议、师资交换计划等。截至2018年，港中文（深圳）已实质性推动了与71所国际一流院校的150多项合作事宜，为学生提供了多元化的海外学习机会（表4-5）。

表4-5 香港中文大学（深圳）国际交流项目

		项目名称	参与院校
三方合作专业（经管学院）		环球供应链与物流管理项目	加拿大英属哥伦比亚大学
			丹麦哥本哈根商学院
		环球商务与创新项目	新西兰奥克兰大学
			南卡罗莱纳大学
本硕联合培养项目		参与院校（经管学院）	参与院校（理工学院）
	3+2	博科尼大学	
	3+1+1	墨西哥技术自治学院*	明尼苏达大学
		加州大学尔湾分校*	密歇根大学
		加州大学河滨分校*	加州大学欧文分校
			加州大学河滨分校
	4+1	哥伦比亚大学	
		哥伦比亚大学（专业研究学院）	
		埃克塞特大学	
		南安普敦大学*	
		萨塞克斯大学*	
	3.5+1.5		密歇根大学（环境科学与政策公共管理硕士）
	4+X		哥伦比亚大学（软件工程硕士项目）
			卡耐基梅隆大学（创业与创新硕士项目）
			南洋理工大学
			南卡罗来纳大学

备注：*表示该项目正在进行学院内部审核。经官网资料整理。

（4）管理模式上具有国际标准和双重质量保证

港中文（深圳）作为具有独立法人资格的合作办学机构，在整个大学的筹建和日常管理中严格遵照香港中文大学的办学理念和学术体系，且与国内体制对接，实现了管理模式上的国际化标准和双重质量保证。

在组织架构上,港中文(深圳)沿用目前国际上通用的理事会管理机制,即理事会领导下的校长负责制。理事会是大学的最高权力机构,理事长由香港中文大学校长担任,拥有2票投票权,理事会成员由香港中文大学8人和内地8人组成,每人拥有1票投票权。校长是由理事会通过全球公开招聘,负责学校日常事务管理和运营工作。深圳方基本不参与学校的教学管理、师资聘请、课程设置、教学监控等活动。这就打破了以往中外合作办学以及内地与港澳合作办学模式中合作"嫁接"的问题。事实上,无论是中外合作办学还是内地与港澳合作办学都是希望借鉴和学习国外或是港澳地区优秀的高等院校的管理经验和管理框架,而只有在合作办学项目中深入贯彻其教学理念,才有可能实现优秀元素的引入。

港中文(深圳)录取的学生亦会注册成为香港中文大学的学生。学生受到港中文(深圳)大学章程和香港中文大学教务会批准的对港中文(深圳)本科生适用之总学则两套学则的管理。在学术质量控制和学位颁授标准上,港中文(深圳)的师资招聘、专业设置、课程安排、学位认定等事务均由香港中文大学教务会负责。这就保证了港中文(深圳)与香港中文大学实行一致的质量保证体系,包括定期的汇报与校际评审、三层级的外部评审制度以及内部的质量保障机制。此外,港中文(深圳)也严格按照教育部的规定,接受教育部的教学质量监管。

对内地学生就读时不可避免地面临的学位和毕业证的问题,该校也做了特殊处理。对于在港中文(深圳)就读的本科生,符合香港中文大学学位要求的将获颁发香港中文大学的学士学位证书,同时对符合毕业条件的港中文(深圳)学生,则按照国家教育部有关规定颁发港中文(深圳)的毕业证书。

(5)引入书院制和通识教育

港中文(深圳)引入了香港中文大学的住宿式书院传统,设有逸夫书院、学勤书院、思廷书院以及祥波书院四所书院。书院是一种体验式、住宿式教学模式,将不同学院、不同专业的学生和老师放在一个书院空间里生活,通过组织各种形式的活动来加强互动交流。每一个在校全日制学生都隶属于一所书院。但是,港中文(深圳)的书院制度与香港中文大学本身的书院制度有所区别,香港中文大学书院制只适用于本科生及教职员,且部分系科有隶属书院限制;而港中文(深圳)的书院制度则适用于所有教学人员(包括研究生),并且无科系限制①。

通识教育是港中文（深圳）本科教育中的必备一环，在培养学生专业技能的同时，为学生提供更为均衡的知识和技能，包括人文社会类知识、批判式思考能力、阅读思考习惯、处理问题能力、表达沟通能力等。目前，港中文（深圳）正式把通识教育纳入本科课程当中，作为重要的必修课。截至2018年底，港中文（深圳）开设本科课程305门，其中通识课程占比15.74%。通识教育类课程分为通识基础和通识范围两大类型，共有6门课，一共18个学分，占学生总学分的15%（表4-6）。

表4-6 香港中文大学（深圳）通识课程设置

基础课程	科目范围
与人文对话	通识范围A：中华文化传承
与自然对话	通识范围B：自然、科学与科技
	通识范围C：社会与文化
	通识范围D：自我与人文

数据来源：《香港中文大学（深圳）2017—2018学年本科教学质量报告》，作者整理。

（6）有明确的创新科研方向

港中文（深圳）在创办研究型大学的同时，也明确了其创新科研平台的建设方向。该机构结合珠三角区域经济社会发展和战略性产业转型升级的需求，依托学校优势学科，重点发展新兴学科和交叉学科，加强产学研协同创新体系建设，深入参与粤港澳大湾区创新产业发展建设，并建设了以多个重点研究院和专业领域为主的国际一流创新科研平台（表4-7）。目前，学校重点发展的研究领域与方向包括机器人与人工智能、大数据与数据科学、新能源与能效管理、现代生物信息工程、经济金融与物流、新型材料科学等，其目的是着力提升对全省以及深圳市重点行业发展的支撑和引领作用②。

---

① http://www.cuhk.edu.cn/zh-hans/college/index.
② http://www.cuhk.edu.cn/zh-hans/node/151.

表4-7 香港中文大学（深圳）研发资源

诺贝尔奖科学家实验室	图灵奖科学家实验室
港中文（深圳）瓦谢尔计算生物研究院	港中文（深圳）霍普克罗夫特高等信息科学研究院
港中文（深圳）科比尔卡创新药物与转化医学研究院	
港中文（深圳）切哈诺沃精准和再生医学研究院	
重点研究院	
港中文（深圳）机器人与智能制造研究院	港中文（深圳）数据与运筹科学研究院
港中文（深圳）深圳大数据研究院	港中文（深圳）深圳高等金融研究院
专业领域平台	
港中文（深圳）—腾讯AI Lab机器智能联合实验室	通信信号处理与优化实验室
港中文（深圳）—京东人工智能联合实验室	深圳市机器人与智能制造工程实验室
数据建模分析与应用实验室	能源互联网实验室
机器人与智能制造国家地方联合工程实验室	可持续环境研究院
深圳市半导体激光器重点实验室	纳米光电实验室
星河WORLD香港中文大学（深圳）创新创业基地	网络编码研究实验室
无线通信网络实验室	应用自旋电子实验室
深圳市物联网智能系统与无线网络技术重点实验室	广东省博士后创新实践基地
深圳市大数据和人工智能重点实验室	广东省博士后创新实践基地
重点研究团队	

孔雀团队		珠江团队	
抗乳腺癌小分子多功能新药的开发和研究团队	朱宝亭教授	先进材料产品工程团队	朱世平教授
大数据信息处理及应用创新团队	罗智泉教授	数据驱动的未来智能网络演进团队	崔曙光教授

数据来源：香港中文大学（深圳）网页。

凭借其优秀的科研团队，港中文（深圳）得到了各方的支持。学校目前承担着包括国家自然科学基金项目、国家发改委、科技部、教育部、广东省、深圳市发改委、深圳市科技计划以及横向合作等项目80余项，总经费超8亿元[①]。据统计，2017年，港中文（深圳）获国家自然科学基金项目资助率达42.1%，

---

① http://www.cuhk.edu.cn/zh-hans/node/378.

资助率位居广东省第1,远超全国平均资助率21.5%[①]。这些成果都是对香港中文大学现有的研究发展实力的认可。

四、小结

中外合作办学以及内地与港澳合作办学是我国高等教育国际化的一个重要表现,它考验了多方参与主体在不同社会制度间、不同经济模式下、不同教育体系下乃至对高等教育的不同需求下的合作能力。我国的中外合作办学以及内地与港澳合作办学机制摸索接近30年,积累了不少经验和教训。截至2019年底,全国共有391所高校参与中外合作办学以及内地与港澳合作办学机构和项目共计2342个,其中本科以上机构和项目共1090个。东部沿海地区以其相对发达的经济,成熟的教育市场,吸引了诸多中外合作办学以及内地与港澳合作办学项目。

但不容忽视的是,在目前的市场经济发展态势下,部分高校开始扮演"经济人"的角色,用纯粹的成本-利益思维来考虑中外合作办学以及内地与港澳合作办学,完全迎合市场,通过吸引学生来实现增收,导致部分机构和项目引入出现了"扎堆式"和"一窝蜂式"的状况。例如,商科、管理学科等过于集中重复办学;引入了所谓的"野鸡大学"和虚假大学,以赚取高额利润;引入机构/项目完全不结合本地发展需求等。其中,高等职业教育机构的中外合作办学以及内地与港澳合作办学问题最为严重,存在专业领域较窄、分布不合理、国际化师资队伍缺乏、质量监控体系不完善等问题。更为严重的是,在管理体制和经验借鉴上,中外合作办学以及内地与港澳合作办学项目越来越"本土化",不能做到真正的学习和借鉴。就目前中外合作办学以及内地与港澳合作办学现状而言,大部分学校和项目没有被列入合作方校本部的管理体系,也不能达到教育部对中外合作办学以及内地与港澳合作办学的两个"三分之一以上"的要求,即引进的合作方课程和专业核心课程占中外合作办学以及内地与港澳合作办学项目全部课程和核心课程的三分之一以上,以及合作方教育机构教师教授的专业核心课程门数和教学时数,占中外合作办学以及内地与港澳合作办学项目全部课程和教学时数的三分之一以上。

中外合作办学以及内地与港澳合作办学作为一种新的教育形式,扩大了教

---

① http://www.cuhk.edu.cn/zh-hans/news/6080.

育内需，理应在高等教育融合中发挥更大的作用，但其也存在不足之处。值得反思的是，2018 年教育部印发《关于批准部分中外合作办学机构和项目终止的通知》，依法终止 234 个在实际意义上已停办项目且无在读学生、合作项目推进缓慢的本科及以上中外合作办学机构和项目。当前对中外合作办学采取的终止、审核、缩小规模等措施，并不是在根本上否定其发展的重要性，而是在整顿中外合作办学秩序，使之能够回归"中外借鉴"的初衷，并能反思政府与市场的关系，平衡其"本土化"与"国际化"的程度。

中外合作办学以及内地与港澳合作办学并非简单的机构引入和师资引入，而应当结合本地高校的办学基础和优劣势学科，考虑本地和区域化的中长期发展规划，在专业和项目上考虑实用性的同时，更重视其发展的前瞻性和引领性。粤港澳大湾区中存在不少内地与港澳地区高校合作设立的机构，且不乏成功案例。例如香港中文大学（深圳），虽然在深圳办学，但深圳方基本不参与学校的教学管理、师资聘请、课程设置等活动。它主要传承香港中文大学的办学理念和学术体系，沿用其与国际接轨的理事会管理机制、理事会领导下的校长负责制，采用香港中文大学学术质量控制和学位颁授标准，并由其教务会负责审批和教学有关事宜。这种经验借鉴保证了优质教育资源的合理引进与有效利用，加强了能力建设，加速了人才培养模式和教育教学模式的改革。内地其他地区也有好的案例，例如上海纽约大学，不仅引进数学、媒体等美国纽约大学多个优势课程，还与国外院校共同合作开发出新专业课程，编写了新教材。中国政法大学中欧法学院结合中外双方学科特色，着力培养具有国际视野、通晓国际规则的法律专门人才，为我国法学教育事业的发展以及探索中外合作培养"中西贯通的法律人才"摸索出了宝贵的办学经验。

第五章　粤港澳大湾区内的产学研模式

在当今知识经济时代，高等教育、科技、社会、经济的一体化趋势越来越明显，大学的功能也随之发生改变，除了教学和科研之外，开始逐步呈现出"企业型大学"（entrepreneurial university）的形式，将知识生产逐渐向产业领域延伸，承担起产业化和促进经济发展的"第三功能"。一方面，高校、研究机构通过技术购买、技术转移、合作研发等形式向企业输出新的知识和技术，将知识资本化。另一方面，企业也更多地开始与高校、研究机构联手，加入知识的生产、应用、传播的链条中，作为知识生产网络中的重要节点。这种产学研模式的勃兴，将大学和企业之间人才与知识的单向、线性流动，转变成了双向交互的非线性流动，既涉及知识和人才、资金的双向流动，又涉及工业研究及商业经验向大学的扩散[①]。

产学研合作发展一直是我国科技体制改革的核心内容，也是高等教育改革的重要方向。在教学与实践结合、学校与企业结合、教育与科研结合等多方面，我国已陆续进行了多种积极探索和实践。比如，有企业进行的单一教学实习基地，有成果产业化应用发展，有行业性和区域性的产学研战略联盟等。《粤港澳大湾区发展规划》中更是将产学研基地建设和发挥三地高校科技资源作为未来大湾区创新能力发挥的重要途径。

一、粤港澳大湾区产学研合作现状

目前，大湾区产学研发展模式主要有两种。一种是由高校单独发起的双创模式，以及由双创模式延伸发展的双创孵化器，这也是传统的产学研合作发展的模式，是基于高校的既有资源为基础，在研发领域向外扩展的模式。另一种是由多个高校或者主体联合参与的产学研基地，以高新科技园区为基础，是更为广泛的多种主体参与的高端合作科研平台，这是基于高校发展，但已经脱离

---

① Henry Etzkowitz. The norms of entrepreneurial science: cognitive effects of the new university – industry linkages. Research Policy, 1998（27）：823–833.

了既有高校的教学部分，这种全新、独立的产学研发展模式，也是未来大湾区创新发展的重点。

1. 双创模式

双创概念最早是在 2014 年夏季达沃斯论坛上由李克强总理提出，要掀起"大众创业""草根创业"的新浪潮，以形成"万众创新、人人创新"的新态势。其后，国务院正式印发《关于大力推进大众创业万众创新若干政策措施的意见》，明确了创新主体和参与者应当围绕创业创新重点改革领域，集中在四个"一批"上发力：打造一批双创示范基地、扶持一批双创支撑平台、突破一批阻碍双创发展的政策障碍、形成一批可复制可推广的双创模式和典型经验[①]。粤港澳大湾区比较突出的有两种双创模式，一是创新创业教育改革示范院校，二是创新创业示范基地，前者是对高等教育自身的双创改革，后者是对高等教育的产业化延伸。

（1）创新创业教育改革示范院校

高等教育机构拥有大量年轻和富有朝气的人才资源，自身就具有创新和创业的有利优势，与此同时，也具有坚实的研发基础，是知识向产业化发展的延伸和扩展。高校内的创新创业基本还是发挥教育的基本功能，通过调整和优化专业结构、改革教学方法、增加双创类型的课程、丰富双创实践机会、完善双创管理体制等，来实现对区域性创新创业的支持。《广东省教育厅关于深化高等教育创新创业教育改革的若干意见》中，明确将其目标定义在"进一步提高人才培养质量"[②]，并提出将在未来 5 年内打造 200 个省级"大学生创新创业教育示范基地"、40 所"大学生创新创业教育示范校"及各类双创实验室、创业园等。在 2016—2018 年，我国陆续宣布两个批次国家级双创教育改革示范院校，粤港澳大湾区内有 9 所院校成功入选，其中有 8 所为本科类院校，1 所为职业技术院校。从教育机构属性上看，职业技术院校也应当发挥双创教育改革示范的重要力量，开发和储备与经济发展、行业发展密切相关的技能、人才。一般来说，双创高等教育依托的是高等教育机构，必然是在高等教育资源密集的省份，粤港澳大湾区现有的 9 个国家级双创教育改革示范院校中 7 所在广州市，2 所在深圳市（表 5-1）。

[①]《关于大力推进大众创业万众创新若干政策措施的意见》，国办发〔2016〕35 号。
[②]《广东省教育厅关于深化高等教育创新创业教育改革的若干意见》，粤教高〔2015〕16 号。

表5-1 粤港澳大湾区内的国家级双创教育改革示范院校名单

批 次	学校名称	所在地
第一批 （2016）	华南理工大学	广州市
	暨南大学	广州市
	华南师范大学	广州市
	广东工业大学	广州市
	深圳大学	深圳市
第二批 （2017）	中山大学	广州市
	华南农业大学	广州市
	广州中医药大学	广州市
	深圳职业技术学院	深圳市

资料来源：教育部高等教育司。

（2）创新创业示范基地

与高校双创不同的是，双创示范基地的主体是高等院校，但鼓励科研机构、企业和民间科研团体等多元参与，突出创新创业的核心要素。同时，双创示范基地发展的核心要素为"示范"，是在不同主体参与的基础之上，摸索出适合区域发展的、具有借鉴意义的、可以推广和操作的双创制度模式和经验。2016年，国家宣布在全国部分区域开始建设首批28个大众创业万众创新示范基地，包括17个区域示范基地，4个高校/科研院示范基地和4个企业示范基地，广东省广州高新技术产业开发区科学城园区和广东省深圳市南山区均被纳入。第二批次，广东省的双创示范基地建设任务进一步增加，被纳入国家级建设的有广东省深圳市福田区、广东省汕头华侨经济文化合作试验区和广东省中山火炬高技术产业开发区3个区域示范区，华南理工大学和中国科学院深圳先进技术研究院2个高校示范基地以及深圳市腾讯计算机系统有限公司1个企业示范基地。广东省政府也积极开展双创示范基地建设工作。目前，粤港澳大湾区内共有省级区域示范基地12个，省级高校/科研院示范基地7个，骨干企业示范基地6个（表5-2）。

表 5-2 粤港澳大湾区内的国家级、省级双创示范基地

		区域示范基地	高校/科研院示范基地	骨干企业示范基地
国家级	第一批（2016）	广州高新技术产业开发区科学城园区 广东省深圳市南山区		
	第二批（2017）	广东省深圳市福田区 汕头华侨经济文化合作试验区 中山火炬高技术产业开发区	华南理工大学 中国科学院深圳先进技术研究院	深圳市腾讯计算机系统有限公司
省级	第一批（2016）	广州国际创新城 东莞长安镇 珠海高新技术产业开发区（主园区） 佛山市顺德区 广东金融高新技术服务区 中山火炬高新技术产业开发区 惠州仲恺高新技术产业开发区 江门珠西智谷	广东工业大学 广东海洋大学 广东省科学院	中山大学达安基因股份有限公司 广州视源电子科技股份有限公司
	第二批（2018）	深圳市龙岗区 佛山市禅城区 东莞市常平镇 中山市翠亨新区	中山大学 深圳职业技术学院 佛山市南海区广工大数控装备协同创新研究院 惠州学院	广东拓思软件科学园有限公司 广州智能装备研究院有限公司 国光电器股份有限公司 东莞成电创新电子科技有限公司

数据来源：国务院办公厅双创示范基地名单、广东省发改委双创示范基地名单整理。

其中，广东省深圳市南山区作为首批被纳入国家级区域示范基地，在2019年被国务院认定为取得明显成效的区域双创示范基地，是国家发改委全国双创示范基地重点项目。截至2019年，南山双创示范基地拥有孵化器和众创空间245家，孵育面积130万平方米，拥有国家级高新技术。目前，南山双创示范基地在高新技术产业创新和地方经济发展方面已经形成了一套独特且可借鉴的经验：①初期即打造合理的、长远的规划方案。南山区早在建设初期就公布《深

圳市南山区双创示范基地建设工作方案》,详细归纳了9大类27项举措,并在空间上设计为"一核六区"(深圳湾核心区及前海、蛇口、科技园、华侨城、大学城、中部六大片区)。到目前为止,它们都未发生过重大调整,这些规划方案和空间布局具有长远性和稳定性。②以市场为主导的多元双创体系。南山区积极推动形成以市场为主导、综合型和专业化科技服务机构为主体、政府和其他机构多元参与的创新生态。③以企业为主导的企业研发。南山区大力支持企业研发,并提供专业的高新技术企业认定、知识产权贯标、贷款贴心、政府资助等多项服务,鼓励创新型、科技型企业的研发活动。④构建全球开放型双创体系。南山区充分利用靠近港澳地区的区位优势和沿海地理位置,实行双创"走出去,引进来"战略,加大引入海外资本、技术、人才力度,并通过举办国际会议、大赛等帮助推动本地双创品牌和资源的国际化和全球化。与此同时,广东省深圳市也在不断优化政府服务,加大高端人才引进力度,完善科技成果的研发、转移和产业化,以营造有利于双创的政策环境,形成可复制、可推广的双创模式和典型经验。

2. 从高校孵化器到大学科技园

孵化器是通过提供技术研发、资金投资、基础设施、商业运作等核心服务,以协助和帮助中小企业降低创业成本和风险,帮助其迅速成长和产业化,并在孵化器内部促使高新企业不断繁衍和聚集。1959年,美国本土出现世界上第一个孵化器——贝特威亚工业中心,之后开始迅速在全球蔓延,到20世纪80年代,欧洲、大洋洲、亚洲都相继建立孵化器,并逐步演化出创新中心、科技园、创业中心等多种形式。与此同时,随着行业发展和服务的不断细化,孵化器也开始从综合性企业孵化器、专业性企业孵化器向特定对象的孵化器进行细致区分。例如科技企业孵化,是将重点集中于高新技术行业,针对该行业技术性强、知识密集、风险性高,但增加就业机会、创新技术突出、经济发展效应强等特点,提供物理空间、基础服务等支持,帮助科技成果转化、成长和发展。我国自1988年开始实行火炬计划,在全国高新技术产业集中的区域,重点建设科技企业孵化器,以促进科技成果转化和高新技术企业发展。2017年,科技部办公厅印发《国家科技企业孵化器"十三五"发展规划》,指出"十二五"期间我国孵化器达到2530家,已形成了国家级、区域和省级等多层次、有重点的全国布局,并形成创新企业全孵化链条发展,并指明在2020年推动多类型、多层次的创业孵化服务体系建设,形成特色众创集聚区,以实现量变到质变的提高。高校孵化器依托于自身研发实力,拥有雄厚的基础研发实力、充足的研发人员、高精尖的研发设备,凭借其优势学科、研发中心和优势研发技术等逐步独立发展出来,并伴随着国家双创的政策支持,开始逐步从点状分布向区域性聚集、区域性合作发展。

粤港澳大湾区凭借其优越的高校资源,建设了一大批具有孵化功能的各类孵化器。根据广东省科技厅数据显示,2018年大湾区共有孵化器901家,众创空间804家,国家级孵化器培育单位139家,港澳的大学、科研机构也在广东兴建了一批产学研合作和成果转化基地[①]。

(1) 大学科技园

大学科技园往往是以内生于单一院校(或在政府引导下)或多家院校合作的方式,基于其学科和研发的优势,通过转化高新技术成果,孵化高新技术企业等,来共同搭建的科技类型园区。学界对于其背后的存在逻辑,主要从三个方面进行讨论:①大学科技园是建立和加强大学与产业互动关系的有效机制;②大学科技园是公共部门与私人部门共同合作、相互作用的结果;③作为区域发展的政策工具,大学科技园对区域发展产生着一定的影响。从某种意义上说,科技园区本身就是一个放大了的孵化器,为政府、企业、大学与科研机构三元参与科技产业创新构建良好的协调互动的空间与平台,同时在支持原创核心技术自主创新和探索高新技术企业成长机制方面起着重要的推动作用。

目前,大学科技园日益成为主导新型经济发展的重要形式,也是承载科技成果转化、孵化器等的有效平台,且呈现规模化、集中管理的特征。科技部、教育部自2002年以来认定了一批国家级重点建设大学科技园,粤港澳大湾区内有不少院校入选。其中具有代表性的包括:华南理工大学科技园、中山大学科技园和深圳虚拟大学园(表5-3)。前二者都是依托于单一院校建立,是对既有优质高校资源的开发,而后者则是深圳市政府引入国内外一流院校建立,是基于该市对高新技术开发的迫切需求对高等教育资源的外界引入。这是两种不同的发展模式,在其建设过程中也形成了各具特色的管理模式。基于高校建立起来的大学科技园区往往具有明显的高校事业单位管理特征,且属于传统的实

---

① 南方日报:《打造粤港澳优势互补战略性新兴产业》,载人民网,2019年2月27日,finance.people.com.cn/n1/2019/10227/c1004-30904744.html。

体科技园,在主校区建设园区,后扩展出几大分区乃至基地。深圳虚拟大学园则体现了充分的以市场为主导,政府做好服务和支撑工作,且引入的诸多高校往往只是一些机构办事处,而非实体经营。该园区在高校、研发机构、高新技术企业、融资企业等诸多主体之中属于网络和平台建设,而入驻单位需要借助的恰是这种网络和平台,属于典型的新型虚体科技园。

表5-3 粤港澳大湾区内的国家级大学科技园

名称	华南理工大学科技园	中山大学科技园	深圳虚拟大学园
依托学校	华南理工大学	中山大学	清华大学、北京大学、香港城市大学等60所高校
创立年份	2000	2006	1999
所处位置	广州市	广州市	深圳市
园区建设	一校多园、多区、一基地	一校多园、一园四区	一校多园、市校共建
着重发展的产业或技术	电子信息、新材料、生物工程、环境保护、机电磁光一体化	生物与新医药、电子信息、新材料、航天航空、新能源与节能、资源与环境、先进制造与自动化及高技术服务	高新科技类、大型综合类
评价	国家级大学科技园、全国创业孵化示范基地	国家级大学科技园、国家级科技企业孵化器	国家大学科技园、广东省教育部产学研结合示范基地

数据来源:各大科技园区官方网站。作者整理。

广州华南理工大学科技园是广东省内首批国家级大学科技园,依托于华南理工大学,在电子信息、新材料、生物工程、环境保护、机电磁光一体化等领域开展高新技术研发及应用。目前该科技园在主园区建设金华园区、南园分园、金山园区,在广州市内建设白云分园、天河分院、芳村园区,在市外建设惠州园区、茂名园区以及从化产业基地。华南理工大学科技园区经过20年的发展,构建了一套完整的运作体系,形成了由学校为技术主导,政府、企业、金融机构多元主体参与的模式,以推动高新技术企业在科技园区内孵化成长为中小企业乃至上市公司(图5-1)。

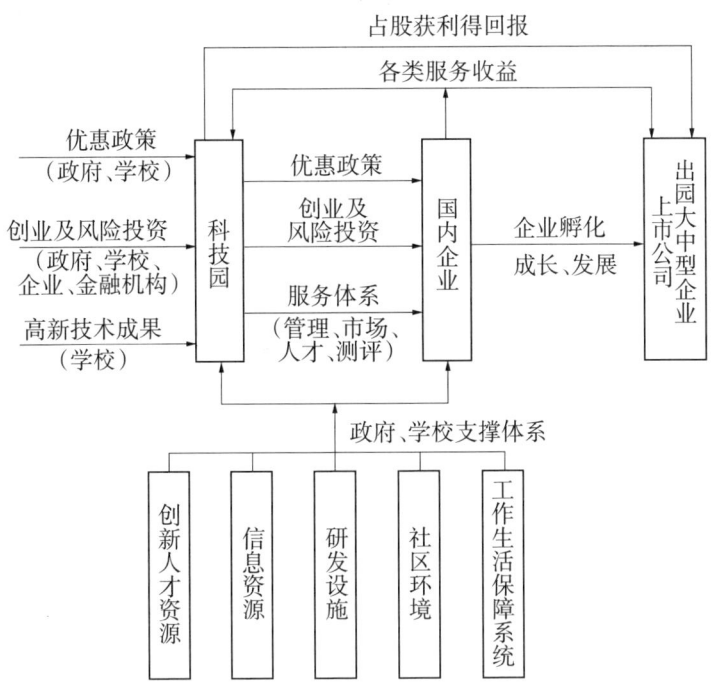

图5-1 华南理工大学科技园运作体系

图表来源:华南理工大学科技园区概况。

(2)高新工业园区

高新工业园区建设是区域经济发展中的重要一环,但其高新科技往往需要高等教育和研发机构的密切参与,也成为目前粤港澳大湾区内高等教育机构与产业互动、和谐发展的一种重要组成形式。据不完全统计,大湾区内目前建设有7个高新工业园区,分布较为均衡,依靠高等院校和科研机构的引入搭建技术平台,促进多样化、多层次的创新资源实现区域性集聚,并通过完整的创新创业服务体系、创新政策支持等措施,来共同推动具有前瞻性和引领性的高新技术产业的发展(表5-4)。

表5-4 粤港澳大湾区内的高新工业园区（高校依托型）

位置	名称	依托学校	发展特色	着重发展的产业或技术
深圳市	深圳市高新技术产业园区	深圳清华大学研究院、深圳大学等高校	官、产、学、研相结合	电子信息、生物工程、新材料、光机电一体化
广州市	广州高新技术产业开发区	华南理工大学、华南师范大学、暨南大学、华南农业大学等高校	封闭式管理、开放式运行	电子信息、生物制药、机电一体化
东莞市	东莞松山湖高新技术产业开发区	武汉大学、华中科技大学、东莞理工学院、广东医学院、广东工业大学等高校	科技共山水一色生态特色规划	高端电子信息、生物医药、机器人、新能源、现代服务业
佛山市	佛山国家高新技术产业开发区	清华大学、广东工业大学、华南师范大学南海校区、佛山科技学院北校区、广东东软学院等	统一规划、连片开发、优势互补	汽车整车及零部件制造、高端装备制造、光电、新材料、智能家电、生命健康等
珠海市	珠海高新技术产业开发区	中山大学珠海校区、北京师范大学珠海分校、北京理工大学珠海学院	产学研政孵投	电子信息、生物技术、新型材料、机电一体化、精细化工、新能源技术及环保技术等
中山市	中山火炬高技术产业开发区	中山火炬职业技术学院等高校	三级管理架构	先进装备制造业、新能源产业高端新型电子信息产业、健康科技产业
惠州市	惠州仲恺高新技术产业开发区	北京大学、香港科技大学、惠州学院、惠州经济职业技术学院等	知识产权试点	LED、移动互联网、平板显示、新能源、云计算

数据来源：各大科技园区官网整理。

目前，七大高新工业园区在整体园区规划上，都按照基本功能分类，重点将高等教育机构与高新技术企业、辅助企业等不同机构按其功能的不同划分在不同的区域或板块，以方便基础设备和设施的共享，达到资源的优化配置。东莞松山湖高新技术产业开发区的园区规划富有特色，是将松山湖纳入园区范围，在高科技产业、研发平台聚集区打造具有生态特色的产业园区。在发展模式上，七大园区在产、学、研模式基础之上稍加变形，例如深圳市高新技术产业园区提出的"官、产、学、研"，珠海高新技术产业开发区提出的"产学研政孵投"，其本质都是实现研发和科技成果转化的一体化操作。在管理模式上，中山火炬高技术产业开发区提出的"三级管理架构"较为完善，即中山火炬高技术产业开发区市区管理委员会、开发区经济发展和科技信息局、开发区管委会下属5家全资工业总公司三个层级，管理界限清晰，政府与市场关系明确。截至2018年，该高新工业园区共引进100多个省级以上科研机构和研发中心，承担国家火炬计划等重点课题攻关项目和技术引进、成果转化等。在园区重点发展方向上，七大园区也充分结合了本区域的优势行业发展具有区域特色的园区经济，例如珠海高新技术产业开发区建设的高科技产业走廊，重点是以软件研发企业为主体。

（3）与港澳高端合作平台

近年来，港澳地区高校不断加大与内地优势互补力度，在合作研发、合作科研、促进科技成果转化、共建实验室、共建研究中心等多个领域进行了有效尝试。早期，香港地区的诸多高校就开始与内地进行科研项目合作，共同建设实验室，以弥补香港在科研成果转化方面的不足。2000—2015年，香港大学、香港中文大学、香港科技大学、香港理工大学等高校均在深圳、广州等地建立研究院，内设多个研究中心、实验室等科研平台。近年来，合作程度在日益加深，逐渐开始出现以跨区建设、多区域高校参与共建的形式；又如深港科技创新合作区，是内地与香港以科技创新为主体的样本示范，该示范区在地理位置上包括香港境内的1平方千米和深圳管辖的3平方千米土地，是名副其实的"跨界"区域。该合作区实行以市场为主导的协同治理模式，由双方派代表组成董事会。在2019年初就有23家高新技术创业团队入驻，包含人工智能、生物医疗、物联网等多个高新技术行业。2018年底，香港特别行政区政府宣布成立"联合实验室资助计划"，鼓励香港高校与中国科学院进行跨区域的创新科研项目合作。香港获得中科院认可的联合实验室有22所（表5-5）。

表5-5 港澳在粤高端合作科研平台（不完全统计名单）

机构名称	建设单位（下设科研平台）	所在地	成立年份	主要研究领域
香港大学深圳研究院	香港大学深圳研究院（3）	深圳市	2011	生物材料、智能电网
香港中文大学深圳研究院	香港中文大学深圳研究院（38）	深圳市	2007	生物医药、信息科技及可持续发展等领域
香港科技大学深圳研究院	香港科技大学深圳研究院（6）	深圳市	2007	生物医药、新材料、海洋环境、自动控制
香港理工大学深圳研究院	香港理工大学深圳研究院（13）	深圳市	2000	大型结构诊断与预测技术、精密铁路检测技术医药、食品安全技术
香港城市大学深圳研究院	香港城市大学深圳研究院（15）	深圳市	2001	人工智能、生物医药、通信技术、海洋环境
佛山市香港科技大学LED-FPD工程技术研究开发中心	香港科技大学LED-FPD工程技术研究开发中心（1）	佛山市	2012	LED芯片的封装技术、FPD技术
广州市香港科大霍英东研究院	广州市香港科大霍英东研究院（20）	广州市	2007	生物医药、新材料、海洋环境、自动控制
广州市国际—穗港澳台科技合作基地	广州市科技和信息化局和广州市科技进步基金会（8）	广州市	2012	新能源、节能环保、电动汽车、新材料、新医药、海洋生物
粤澳合作中医药科技产业园	粤澳中医药科技产业园开发有限公司（2）	珠海市（横琴）	2011	中医药、保健品、医疗器械、医疗服务
港深创新及科技园	深圳市政府 香港特别行政区政府	落马洲河套	建设中	综合

数据来源：各大科研平台官方介绍整理。

二、深圳虚拟大学园

深圳虚拟大学园（SZVUP）建立于1999年，是深圳市委市政府为吸引和促进国内外名校、科研院所来深圳进行科技成果转化和产业化，中小型科技企业孵化和高层次人才培养，把大学的综合智力优势与深圳的市场环境优势相结合，按照"一园多校、市校共建"模式建设的产学研结合创新园区。在 2003 年被科技部、教育部认定为国家大学科技园，正式明确其高新技术产业发展定位。深圳虚拟大学园是我国第一个集国内外优质高校研发资源、实现一园多校，且由政府和学校共同参与建设的创新型产学研合作示范基地。

从发展基础来看，深圳市本身并不具备发展产学研基地的传统优势。深圳作为首批经济特区，依靠不断深化的体制改革和制度创新优势，在改革开放 40 多年的发展中取得了突出的经济发展成绩。但作为一个新兴城市，深圳面临着巨大的先天不足——没有遗留的大学和科研机构，这就意味着基础研究的缺乏、科技智力的缺乏，从创新源头上制约了深圳高新技术产业的长远发展。而建立独立的高校教育和科研系统又需要一定时间的社会积累。在刻不容缓的人才、知识和技术缺口的压迫下，深圳市政府采取了与国内外一流大学合作，先引入与本地产业结构、经济发展相适应的科研团队、科研机构、教育机构和科技企业的方式，通过共享基础设备、基础资源的平台，实现科学技术的创新突破和转化，来保障高新技术产业发展。这就是早期的深圳虚拟大学园，是以政府为主要推动，院校为主体，采用多元化参与、互动式发展、孵化服务核心的院校科研基地集群。由于其院校均为外部引进的独特性，该虚拟大学园也是地方高等教育从劣势向优势扭转的经典案例，是高等教育发展模式的创新，其本质是将高等教育中的创新元素进行单独提取、集聚和高度优化配置。从其发展经验来看，深圳虚拟大学园具有以下几个方面的特点：

1. 自上而下三级联运管理

在管理上，深圳虚拟大学园采用的是自上而下的三级联动管理：第一级是决策机构，是由深圳市政府、院校以及各职能部门多方代表或负责人组成联席会议，共同商议和共同决策，由深圳市市长担任联席会议主席；第二级是执行管理机构，是由科技创新委员会负责，主要是在决策与具体执行之间搭建桥梁，负责协调成员机构之间的工作任务，指导、协助其完成相关任务；第三级是日常管理服务机构，即深圳虚拟大学园管理服务中心，负责为虚拟大学园入驻的相关院校、机构和企业提供日常的服务工作，包括财务和日常管理[1]。深圳虚拟大学园的三级联动管理方式较为合理地处理了政府与大学园之间的关系，简化

---

[1] 中央教育科学研究所：《深圳虚拟大学园发展模式研究报告》，2009 年。

了政府工作服务流程，且提供了专业化的工作服务内容，提高了工作效率。

近年来，伴随着虚拟大学园的迅速扩张，入驻机构日益增多且活动日益多样化，对虚拟大学园的日常管理工作提出了更高的要求。但是，服务管理中心作为科技创新委领导下的处级事业单位和基层服务站，无论是人力、物力还是资金的配置都出现不匹配的现象，这也在一定程度上制约了虚拟大学园的发展。

在主体运营上，深圳虚拟大学园通过"市校合作"的方式，在引入高校时即给予多样化的法人实体身份。在这种模式下，入驻的各大院校和研究机构均依据各自发展基础和特性，建立了具有特色的运营机制。例如内地高校早期的运营主体是以事业单位为主，后开始逐步转变为事业单位企业化管理模式；香港地区的院校则基本沿用本校运行机制，采用理事会或董事会管理架构来统筹安排项目和运营资金；而近年来投资建设的一些产学研基地则开始采取建设主体（项目公司）与运营主体（研究院）相结合的模式，实行市场化运作。深圳市政府基本上不参与具体入驻机构的运营，主要是在进驻项目上予以资金、政策扶持，充分体现各大院校的独立发展意志。与此同时，深圳市政府与入驻机构之间也探索了"技术转移经纪人模式"，让入驻机构首席代表通过技术转移"经纪人"来参与成果转化，以获得经济和社会效益。

2. 市场化为主体的投资和运营模式

在投资模式上，早期深圳虚拟大学园主要是由政府和高校，尤其是政府出资建设，同时在土地、财政和政策上给予资助。例如，在1996—1999年先行的深圳清华大学研究院、北京大学香港科技大学深圳研修院和深圳市哈尔滨工业大学3个引进合作项目中，政府与高校的出资额度分别为6000万：2000万，6000万：1000万：1000万，6000万：2000万。政府特殊支持的融资方式，是诸多产业园区起步的重点，也是地方政府大力发展产业项目时的侧重点。但是，早期以政府为主体的出资方式使得深圳市政府面临巨大的财政压力，具有严重的不可持续性，虚拟大学园也开始寻找新的发展方向。

"一园多校、市校共建"的模式，吸引国内外院校开始寻求在虚拟大学园内建设基地，而诸多科创类企业也开始在虚拟大学园内寻找投资新契机，这就促使院校为主、企业参与的投资主体的多元化和主体投资方的多样化。其中，院校的出资方囊括了学校全资公司、校产公司、科技园公司、教育基金等多种主体。企业出资方则包括学校参股公司、校友企业、投资机构等多种主体。这种投资主体的多元，分散了单一投资风险，在一定程度上促进了虚拟大学园的市场化操作，反向推动了科技成果转化速度的提高。

3. 一流的高等教育机构汇聚

深圳虚拟大学园实现的是有规划的、有目标的、一流的高等教育机构汇聚。目前，深圳虚拟大学园涵盖了 57 所多种学科和特色的境内外知名大学。其中，内地院校 41 所，香港院校 6 所，国外院校 7 所，形成了高质量的创新型研究院集群。引进院校重点考量是与城市的产业发展结合起来，并动态跟踪市场需求。对于院校的引进，特别注重与城市的产业发展结合起来，虚拟大学园动态跟踪市场需求，不断优化调整院校引进的优势学科和研究领域，从最初引进清华大学、北京大学、哈尔滨工业大学、北京理工大学、中国科技大学、华中科技大学、西北工业大学、西安交通大学等一批以理工科为主要研究领域的院校学科逐渐向交叉学科、新兴学科、人文社会科学等多学科综合性转变，如中国人民大学、对外经济贸易大学、北京电影学院等，更大程度上满足深圳各行业对人才、科研的需求。截至 2018 年，深圳虚拟大学园引进学校类型主要是国内综合类型院校（占比 63%），重点引进其优势学科和研究领域，例如交叉学科、新兴学科、人文社会科学等；与市场动态相关的特色学科院校（占比 9%），例如中国地质大学的珠宝专业；国家重点科研院所（占比 5%）；香港、国外等重点院校（分别占比 11%、12%）。至此，深圳虚拟大学园的研究范围覆盖自然科学、社会科学，与深圳的互联网、生物、新能源、新材料、新一代信息技术、文化创意等六大战略新兴产业形成紧密衔接。

4. 与市场挂钩的联合人才培养

深圳虚拟大学园依托于园区内科教进修学院和各大院校的科教资源，从传统的专业深造、专升本、本科、硕士、博士的体系培养，开始逐步拓展与市场高度挂钩的短期专项培训和为企业量身定做的订单培训，形成了一整套完整的科技人才培养体系。从规模上看，目前虚拟大学园已累计培养各类人才超过 20 万人，且基本留在深圳，这种借助外部教育力量来提高本市人力资源水平的新模式对其他地区也起到了很好的示范作用。

正如前文所言，虚拟大学园中教育机构的引入，首先担负着重要的人才培养任务。截至 2017 年，深圳虚拟大学园培养人才数量处于快速的攀升阶段，从 1999 年的 588 人上涨到 2018 年的 22.5 万人，平均每 10 年增长 20 倍左右，极大地弥补了深圳高等教育人才的缺口。但近年来,园区内本科、硕士、博士的培养比例都有较大幅度的下降,传统人才培养处于略微饱和状态。与之相对应的是,订单培养以其专业化、特色化的培训呈现出巨大的市场需求和潜在生命力(图5-2),人数呈大比例增长。订单式培养是虚拟大学园人才培养当中的一个重要特色,也是教育体制改革的一个突破口。与传统"象牙塔"式教育不同的是,该模式充分结合了市场的发展需求,针对企业所迫切需要的专业化人才采取订单式培训,部分解决了以往传统教育与社会需求脱节的现象,为教育体制改革成功探路。

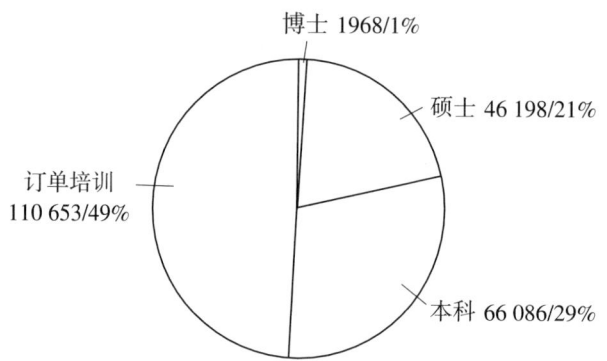

图5-2 深圳虚拟大学园分类人才培养情况(2018)

虚拟大学园开放式的布局也推动了开放式的院校联合人才培养模式的出现,包括联合培养博士、硕士、本科、短期订单培训、EMBA等多种项目形式。对此,虚拟大学园发挥的是网络节点作用,使原本地理空间遥远的院校实现在一个空间的聚集,做了一个很好的搭桥。同时,高校之间通过联合培养的方式,形成了优势互补和资源的优化配置,在一定的区域范围内更为聚焦地提供优质高等教育服务,最大程度发挥教育的功能。

5. 推动创新研发集聚,带动科技成果转化

深圳虚拟大学园在引入国内外一流高校时,有方向、有重点、分层次地进行了创新研发资源的引入,并通过建设重点实验室(工程中心)服务平台,加大后续对其的创新研发支持,推动其产学研工作持续深化以及科研实力的不断增强。虚拟大学园的实验室服务平台按照市场机制、政府推动、专业化运作模式,形成由国家级、省级重点实验室为主体参与,多种创新要素流动和实现远

程资源近程服务的集成创新系统,是具有平台功能、开放应用、共享技术和高校人才、研发资源优势的服务平台。截至2018年底,虚拟大学园已引入各类型研发机构227家,其中包括市级以上重点实验室等创新载体74家,成为深圳区域性技术创新研发高地。在创新研发的引入上,虚拟大学园主要集中在七大战略新兴产业方向:节能环保、新一代信息技术、生物医药和技术、高端装备制造、新能源、新材料、新能源汽车。

虚拟大学园的开放式模式推动了园区内高校之间的跨校合作、校企合作,也开始出现"外溢式"发展,促进一批院校与周边机构建立了广泛的产学研合作关系,也在不断推动虚拟大学园创新研发资源的集聚和扩大。例如,香港大学与清华大学建立清华-港大深圳电力系统研究所,香港中文大学、西安电子科技大学联合建立网络编码关键技术及应用实验室,厦门大学与大鹏新区的海洋生物科技中心、武汉大学与宝安区的新一代信息技术产业园基地等。虚拟大学园中一批高研发实力的院校更是发挥了巨大的辐射作用,形成了以南山区为核心、深圳市为本部,不断向周边地区扩大的相互联动局面。

从科研成果转化上来看,虚拟大学园依托于大学成员院校教育和科研资源优势,成立自己的孵化器,孵化直接来自院校科技成果转化和产业化的企业及与院校开展产学研合作的科技型中小企业,用以推动院校科研成果实现产业化。目前,深圳虚拟大学园孵化器已经形成具有11个孵化基地共同搭建的孵化器集群,产生了明显的集群效应。累计孵化科技企业1265家,转化成果1932项。从孵化企业的行业分布上来看,电子信息、生物医药、先进制造具有集聚性,分别占总机构数量的33%、11%和11%。其中,清华研究院孵化的高科技企业数量最多。

目前,深圳虚拟大学园在科技成果转化上提出应当推行政府、高校、资本、实体四维度协同创新的新举措,园区内16所高校和研究机构共同发起、共同组建了深圳市虚拟大学园科技成果转移促进会。该促进会的主要目标是线上"科技管家"和线下"产业四合院"之间的有效对接。具体而言,是构建了政策资讯数据库、专家教授数据库、科技成果数据库、企业需求数据库四大核心数据库,实现核心数据库之间的技术对接和职能配对;组成了"科技管家"线上平台,并通过组织演讲、会议、培训、路演、沙龙等形式的线下"产业四合院"活动,开展高校游学、政府对接、科技招商,提供产业基金等来实现对科技成果的有效转化。

三、小结

科技创新发展是引领城市发展的原动力，也是粤港澳大湾区转型发展的重要支撑点。在以往的科研创新规划中，经常会出现一个严重的认识误区，即高等院校研究机构集中的是科学发现为主要特征的基础科学，而经济社会发展需要的是以技术发明为特征的应用研究，因此，高等教育基本很难发挥其促进产业化的功能，也很难被纳入经济社会发展的科研创新规划中来。随着知识资本化的加速，科学活动已进入所谓"后学院科学时代"[1]，知识成为一种资本，形成了"以知识为基础的经济"[2]。一方面，基础研究与应用研究之间出现了密切融合的发展趋势，已很难简单将二者区分开，很多基础研究最终都推动应用研究的突破；另一方面，高等院校开始积极调整其科技活动目标，逐步向更为产业化、市场化转变，其研发也具备了一定的市场经济特征。

目前的粤港澳大湾区建设中，正是将高等教育机构作为创新资源的源头，实现优质人才的汇聚、科学技术的汇聚、科学设备的汇聚、科学研发的汇聚，并通过科技园、产学研基地等诸多孵化器、孵化平台的建设，以最终实现丰富的、多样化的创新资源的汇聚。在如何推动高等机构促进科技创新，推动经济发展等第三功能发挥方面，粤港澳大湾区已经做了很多积极有效的尝试，有几点值得思考：

第一，追求高质量的人才汇聚。在某种意义上，人才应当是科技创新和高等教育发展中的关键，尤其是未来大湾区建设中所需要的创新型人才。无论是传统意义上的"双创"高校示范基地建设，还是近年来兴起的大规模产学研科技园建设，其核心都是具有创新性的、前瞻性的、引领性的创业形式或者科技成果的出现，这就决定了需要的是一批具有企业家精神的商业管理精英、一批具有扎实科研实力的科学家、一批具有全球战略眼光的科技创新精英等，才能发挥其巨大功效。例如，深圳光启高等理工研究院集聚了一支超过 500 人的科学家团队，其中 90% 的人员年龄都在 35 岁以下，1/3 的研究人员具有哈佛、牛津、剑桥等著名高校的博士学位或著名科研机构的工作经历[3]。高质量人才的汇

---

[1] 约翰·齐曼：《真科学：它是什么，它指什么》，曾国屏、匡辉、张成岗，译. 上海科技教育出版社，2008 年.
[2] 美国信息研究所：《知识经济：21 世纪信息时代的本质》，王亦楠，译. 江西教育出版社，1999 年.
[3] 新华网：http://news.xinhuanet.com/fortune/2015 - 05/20/c_1115352587.htm.

聚，要思考的是汇聚什么样的人才，怎么样把优秀的人才留下来，这囊括的是一个城市或者区域的政策支持和社会发展程度，也是最考验地方政府决策的关键点。

第二，重视前瞻性的学科和产业建设。产学研基地是将高等教育科技成果进行转化，是将知识进行资本化操作的平台，这就要求其必须与地方产业发展相适应，和区域范围流行的科学技术相匹配，但这也往往会在一定区域内出现重复建设和恶性竞争的局面。粤港澳大湾区不同于内地其他的大型城市群，其拥有更为稳固的经济体、更为开放的市场和更为灵活的制度安排，因此其学科和产业建设应该更具有突破性，应该以社会现实科技需要为前提，更应当站在全球科技发展的前沿，关注具有战略意义的、前瞻性的未来新兴产业，并以此作为技术突破口，强化源头技术创新，抢占制高点和话语权。

第三，推动多样化的科研机构管理模式。大湾区的科研机构本身是基于港澳与内地不同体制建立的，既有传统的"事业编制"，采用行政化的管理方式，也有合同聘用制，采用较为灵活的管理方式。未来合作性质的科研平台建设应当是在互相借鉴、互相学习的基础之上，相互磨合和发展出多样化的、更为灵活的、更具有针对性的科研机构管理模式。针对科研机构创新性的特点，在管理运作上应更大发挥市场的主体功能、政府的引导作用和高校科研机构的创新基础功能，在人员聘用和晋升上，要重点解决如何激发人才的工作积极性和创造性，形成对人才需求的快速反应机制。例如，与科研产出和经济绩效挂钩的评价体系，动态考核机制等管理制度。

粤港澳大湾区的建设，本质上给高等教育的未来发展提供了一个很好的改革方向，即跨区域的集群化发展和与经济产业的一体化发展双结合。产学研基地、大学科技园、孵化平台等恰是未来三地高校合作的重要载体。高等院校应将其教育、科研的方向与区域性的经济社会一体化发展密切联系起来，一是建立创新创业示范基地，调整学校内部学科设置，增加双创课程培训，增加双创实践机会，培养具有创新意识的大学生；二是高校发挥科研机构功能，发展其成果转化和市场化作用，形成以大学为基础的科技园区；三是不同高校之间自发的，或者在政府的引导下形成官方/非官方的战略合作关系，建立独立的产学研基地，发挥科研机构的集聚效应；四是采用政府主导、市校合办等模式规划高新科技园区，引入一批高质量的科研机构、高质量的高新技术企业、专业的服务型机构等，通过搭建一体化的专业技术平台，实现科技成果的转化和应用，凸显创新科技的辐射作用，形成区域创新科技高地。

第六章 粤港澳大湾区教育与创新产业合作的现状及问题

科技创新毫无疑问将是全球下一轮经济增长的主要驱动力。目前，创新要素在全球范围内的流动空前活跃，新的全球科技创新中心正在崛起。而高等教育作为科技第一生产力、人才第一资源和创新第一动力的重要结合点，是实现国家和区域经济的硬实力、文化的软实力、影响力[①]的关键推动力。时至今日，教育不仅肩负着为各个产业培养和输送人才的重要职责，而且已经逐渐成为促进新经济、数字经济蓬勃发展的重要引擎之一。

在世界几大湾区的发展过程中，创新一直是占据主角的要素之一。2019年全球创新指数报告[②]显示，瑞士位列全球第一（它在多个专利和知识产权相关指标中都排在第1位，在高端及中高端技术生产方面排第2位，在研发支出和本地高校质量等方面名列前茅）。瑞士这个仅有800万人口的国家在全球创新指标中能够连续9年排名第一，其中一个主要因素是重视知识密集型产业及教育和产业的紧密合作。该报告也显示，跻身2019年全球创新指数前10位的其他国家是：瑞典（又称"创新之国"，2018年排名第3）、美国、荷兰（它的企业部门很有实力，互相关联，与高校合作紧密，通过知识产权许可输出实现了国际化。2018年排名第2）、英国、芬兰、丹麦、新加坡、德国和以色列。这些国家都具有一个共同特点，就是重视产、学、研的紧密合作。

粤港澳大湾区作为国家的发展战略，其设立目的之一是建设世界级城市群，打造世界科技创新中心。正如《粤港澳大湾区发展规划纲要》提出的，到2035年，大湾区要形成以创新为主要支撑的经济体系和发展模式，经济实力、科技实力大幅提升，国际竞争力、影响力要进一步增强。因此，粤港澳大湾区需要在创新科技和发展方向上寻找突破口，对标旧金山湾区、纽约湾区、东京湾区，

---

① 吴岩：《大学之大与湾区之大》，光明日报，2018-08-07。
② https://www.globalinnovationindex.org/Home.

实行开放式、联动式、互补式发展。也就是说，当前粤港澳大湾区的核心驱动力就是产业与创新。

本章主要目的就是客观分析与评估当前粤港澳大湾区的创新资源配置能力及其短板，并就大湾区教育与科技创新协同发展过程中面临的诸多挑战，包括体制机制创新、高层次人才和高水平科研创新的供给等提出几点思考，为研究制定粤港澳大湾区科技创新"弯道超车"发展战略提供切实的建议。

一、大湾区科技创新发展现状

当前粤港澳大湾区正在从投资主导型向创新驱动型增长转变，也逐渐转变为中国新的科技中心，具体有如下特征：

1. 大湾区创新竞争力逐步提升

2019年，世界知识产权组织（以下简称WIPO）、美国康奈尔大学、欧洲工商管理学院等机构在纽约发布"2019年全球创新指数报告"[①]。报告显示，中国创新能力在全球排名为第14位，较2018年上升了3位，较2017年上升了8位（表6-1）。虽说这个排名尚未跻身前10强，但它对中国来说却具有里程碑式的意义，因为这是中国连续两年跻身全球创新指数（GII）20强，而这也证明了中国政府在优先考虑研究和开创性项目的政策。WIPO总干事弗朗西斯·加利说，"近几年，中国的排名一直在上升，并且未来还会持续上升……中国排名的快速攀升反映出最高领导层的战略导向，那就是发展世界一流的创新能力，推动经济基础结构向知识密集型产业发展，而这些产业需要通过创新来保持竞争优势，这预示着多极创新格局的到来"。

表6-1　2019年全球创新指数（GII）排名[②]

2019年排名	国家/地区	得分（1~100）	2018年排名	2019年排名	国家/地区	得分（1~100）	2018年排名
1	瑞士	67.24	1	11	韩国	56.55	12
2	瑞典	63.65	3	12	爱尔兰	56.10	10

---

① https://www.globalinnovationindex.org/Home.
② 2019年全球创新指数对全球126个经济体的创新能力进行了量化评估，评估指标包括知识产权申请、移动应用创新、教育支出和科技出版物等80项。

续表6-1

2019年排名	国家/地区	得分(1~100)	2018年排名	2019年排名	国家/地区	得分(1~100)	2018年排名
3	美国	61.73	6	13	香港	55.54	14
4	荷兰	61.44	2	14	中国	54.82	17
5	英国	61.30	4	15	日本	54.68	13
6	芬兰	59.83	7	16	法国	54.25	16
7	丹麦	58.44	8	17	加拿大	53.88	18
8	新加坡	58.37	5	18	卢森堡	53.47	15
9	德国	58.19	9	19	挪威	51.87	19
10	以色列	57.43	11	20	冰岛	51.53	23

2019年的全球创新指数（GII）[①] 指出，中国的投入指数排名为第26位，较2018年上升了1位，产出指数进入前5名。从创新产出看，中国当前处于全球领先地位主要体现在以下方面：知识与技术产出（#5，指中国的排名，下同）和创意产出（#12），其中专利产出、工业设计、创意产品出口均排名第一。从市场成熟度（#21）和商业成熟度（#14）类别来看，中国的国内市场规模、受教育人力资源、企业内部员工培训均排名第一。此外，中国的基础设施（#26）和人力资本与研究（#25）均排在前30名内。这些指标表明，中国在科研的投入、企业研发的投入、加强知识产权保护意识等方面已经形成良好的效果。

在2019年全球"最佳科技集群"排名中，中国的深圳—香港地区PCT申请数量5.5万件，位居第二，仅次于日本的东京—横滨地区（10.9万件），而旧金山—圣何塞以3.8万件位列第五，这表明粤港澳大湾区在全球创新领域已经占据一席之地（表6-2）。数据还显示，截至2018年5月，深圳有效发明专利达111 886件，每万人口发明专利拥有量为89.31件；有效发明专利5年以上维持率达85.71%，高于北京、上海、广州等大城市。深圳正在成为中国高新技术产业化最重要的基地之一和国家创新型城市，其人工智能、集成电路、生物与生命健康、新材料、石墨烯等领域部分核心技术水平跻身世界前列。

---

① GII由投入指数、产出指数、效益指数构成。

表 6-2　2019 年全球最佳科技集群前 10 名

排名	创新集群	排名	创新集群
1	东京—横滨	6	大阪—神户—京都
2	深圳—香港	7	波士顿—剑桥
3	首尔	8	纽约
4	北京	9	巴黎
5	旧金山—圣荷塞	10	圣地亚哥

数据来源：《2019 年全球创新指数》。

2. 大湾区创新力仍然不足，且内部"多极"态势凸显

粤港澳大湾区 2018 年的 GDP 在世界四大湾区中排名第三，高于旧金山湾区（0.82 万亿美元）。但从人均 GDP（20 400 万美元）来看，粤港澳大湾区仍远低于其他三大湾区，与以高科技产业为主的旧金山湾区（105 300 万美元）差距特别大。这在一定程度上反映了当前粤港澳大湾区不少产业仍然是劳动密集型，处于价值链较低端位置。根据中国指数研究院 2018 年的数据，粤港澳大湾区第三产业比重为 62%，而纽约湾区为 89%，旧金山湾区为 83%，东京湾区为 82%。就粤港澳大湾区拥有独角兽公司的数量而言，深圳有 13 家、广州有 5 家，少于北京的 67 家、上海的 39 家。对比旧金山湾区专利质量，粤港澳大湾区也仍有不小的差距，从近 5 年两大湾区专利施引数量对比来看，粤港澳大湾区平均仅为旧金山湾区的 33%。2019 年的全球创新指数报告也揭示了中国在如下几个方面存在着短板：营商环境（#100）、受过高等教育的人力资源（#94）、线上创造能力（#79）以及生态环境的可持续性（#69）等。粤港澳大湾区在这些方面同样存在着短板。从这些数据可以看出，粤港澳大湾区仍处在从工业经济向服务经济转型期，现有制造业的比重较大，存在较大转型提升空间，急需注入科技创新力量。

粤港澳大湾区内部显现出"多极"态势。香港（GDP 为 342 亿美元）、深圳（GDP 为 332 亿美元）、广州（GDP 为 318 亿美元）三个城市作为粤港澳大湾区的经济核心，GDP 总额贡献占比达 65%，且相互之间差距不大，这三个城市第三产业比重已超过 50%，具备创新经济和服务经济的特征。因此粤港澳大湾区要建立"多核"驱动发展，在港深广的引领下进行产业升级并注重区域协

同和集聚发展。

3. 大湾区各市产业结构分布差异明显,定位不明确

当前,粤港澳大湾区的东海岸城市、西海岸城市和港澳地区产业结构分布差异明显(图6-1)。粤港澳大湾区的传统制造业和高端先进制造业都很成熟,具有成为全球领先海湾区的潜力。东海岸城市由于深圳的许多高科技公司,包括华为、腾讯、中兴和比亚迪以及计算机、通信和其他电子设备制造业占据主导地位,因此拥有比西海岸城市更多的发明专利、PCT专利和DWPI专利。东海岸城市在高端制造业中具有优势,这是其创新增长的动力。西海岸城市虽然教育和研发能力很强,但经济以传统制造业为主,迫切需要进行结构升级。香港和澳门在教育、研发和高端服务业方面表现强劲。橡胶和塑料制品业以及计算机、通信和其他电子设备制造业,大多数机构都在香港。澳门拥有大部分商业服务业的创新机构。

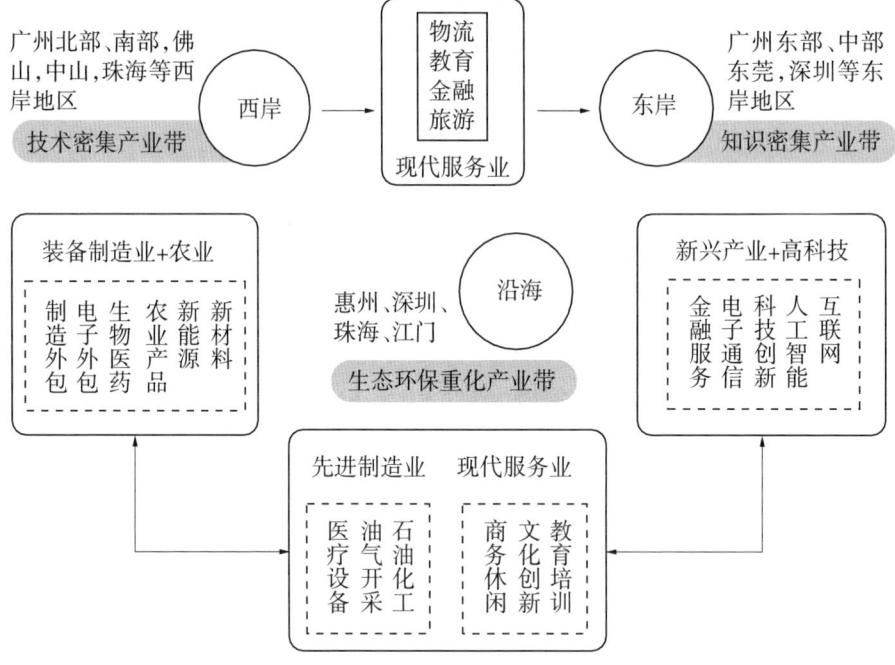

图6-1 粤港澳大湾区城市产业结构分布①

---

① 艾媒咨询:《2017—2018年中国粤港澳大湾区专题研究报告》。

虽然各市规划了各自的未来产业，但多有重复、同质，整体仍然在重构、调整过程中。除了深圳的电子信息产业较为发达，其他城市并未形成自己的特色，大湾区整体产业结构也未明确。从同产业类别来看，广州、佛山、肇庆三市平均产业同构系数仅为0.5039。广州汽车制造业、重大装备制造业的高端产业上升较快，食品加工、纺织服装、造船等传统优势产业稳健发展，佛山电气机械制造业和陶瓷业等传统优势产业仍在全省优势较大。肇庆与广州、佛山产业结构明显不同，农业比重高、工业比重低，因此肇庆制造业结构与周边城市差异较明显。珠海、中山、江门产业同构系数较高，为0.7322，处于三大经济圈中间，三市支柱产业以装备制造业为主，地区产业差异化程度不明显。深莞惠经济圈平均产业同构系数高达0.8945，产业同构现象最为严重，三市均以电子信息制造业为主。

4. 大湾区在全球人才引进方面存在政策不明朗、城市间恶性竞争等问题

21世纪是知识经济的时代，国家、地区、城市间的综合实力的竞争已经从"硬实力"的较量发展到科技、人才等"软实力"的竞争，尤其高层次人才是在经济全球化竞争日趋激烈条件下制胜的核心战略资源。近几十年的数据显示，全球范围内，美国和欧洲是最大的人才流入地区，而中国和印度则是人才净流出国。习近平总书记多次强调人才的重要性：实现中国梦归根到底靠人才、靠教育。人才是创造及科技创新的关键要素。然而，就目前而言，大湾区在拥有全球人才资源方面仍然比较落后。

清华大学中国科技研究中心发布的《中国人工智能发展报告2018》指出，2017年我国人工智能市场规模达到237.4亿元，预测到2020年整体规模将达到800亿~900亿元，市场发展潜力巨大。腾讯研究院联合Boss直聘发布的《2017全球人工智能人才白皮书》指出，预计到2022年，中国AI人才需求量将增长至594万，然而目前全球每年AI相关领域硕博毕业生仅有约2万名。香港的科技人才只占总就业人数的2.2%，而在83 000名本地毕业生中，只有小部分从事计算机相关行业。近几年来，深圳引进了18 000名海外归国人员，只有不到15%的人从事计算机输电网领域的工作。现行人工智能专业的人才供给远远满足不了大湾区乃至国家人工智能产业的发展需求。

近年来，伴随着大湾区发展规划出台，人才问题备受重视。2018年12月，中智公司发布的《粤港澳大湾区人才竞争力指数报告》[①]指出,大湾区11个城市中,深圳、香港、广州、澳门、珠海的人才竞争力指数位列前五,为了抢"人才",大湾区各市纷纷出台各类人才政策,通过放开户籍制度、加码人才奖励等手段,从各个领域全方位出击,希望在"人才争夺战"中抢占先机(表6-3),由此造成了城市间在人才引进方面的恶性竞争问题。

表6-3 粤港澳大湾区各城市人才引进政策

	日 期	城 市	政策名称
第一轮	2015.4.29	珠海	《关于实施引进培育人才"凤凰计划"的意见》
	2016.2.25	广州	《中共广州市委、广州市人民政府关于加快集聚产业领军人才的意见》及4个配套文件
	2016.12.20 2016.8.8	深圳	《关于促进人才优先发展的若干措施》 《深圳市户籍迁入的若干规定》
	2016.7.13	佛山	《佛山市重点产业人才引进培育暂行办法》
	2016.1.1	东莞	《东莞市特色人才特殊政策实施办法》及配套实施细则
	2016.11.11	江门	《江门市鼓励柔性引进高层次人才试行办法》
	2016.1.11	惠州	《关于深化完善"人才双高计划"实施"人才双十行动"意见》
	2016.6.21	肇庆	《西江人才计划》
第二轮	2017.11.15 2017.12	广州	《广州高层次人才认定方案》 《广州市高层次人才服务保障方案》 《关于实施海外人才来穗创业"红棉计划"的意见》
	2017.11.1	深圳	《深圳市人才引进实施办法》 《深圳经济特区人才工作条例》
	2017.4.19	江门	《江门市关于创新科研团队引进和资助暂行办法》
	2017.9.13 2017.12.30	惠州	《关于进一步放宽引进人才入户条件的通知》 《惠州市推动非户籍人口在城市落户实施方案》
	2017.3.28	中山	《关于进一步集聚创新创业人才的若干意见》

---

① 报告以粤港澳大湾区11个城市为主要研究对象,通过人才规模指数、人才结构指数、人才创新指数、人才发展指数、人才效能指数和人才生活指数6大维度,34个指标综合测算粤港澳大湾区人才竞争力指数。

续表 6-3

	日 期	城 市	政策名称
第三轮	2018.5.8	香港	《科技人才入境计划》
	2018.2	澳门	《澳门中长期人才培养计划——五年行动方案》
	2018.1.10	广州	《广州市"岭南英杰工程"实施意见》
	2018.8.23	深圳	《关于实施"鹏城英才计划"的意见》 《关于实施"鹏城孔雀计划"的意见》
	2018.4.24	珠海	《关于实施"珠海英才计划"加快集聚新时代创新人才的若干措施（试行）》
	2018.1.11	佛山	《佛山市人才发展体制机制改革实施意见》
	2018.3.1 2018.11.19	东莞	《东莞市人才入户管理办法》（新政） 《东莞新时代创新人才引进培养实施方案》
	2018.4.2	江门	《江门市推动非户籍人口在城市落户实施方案》（鼓励农民工、退伍军人及技能人才入户）

数据来源：大湾区各地方政府官网。

此外，大湾区内部城市引才对象"同质化"严重、欠缺精准度。高度重合的创新发展领域使得引才领域"同质化"现象严重，尤其是信息技术、新能源以及新材料等产业已经成为多数城市所定位的战略核心产业，因而针对此类领域的人才竞争则愈加激烈。高度重合的引才标准使战略科学家和团队引才成为风尚，多数城市将引进院士、诺贝尔奖获得者以及部委各类人才计划的入选者作为政绩的重要指标，而重金引来的此类人才尽管一定程度上发挥了人才品牌效应，但科研精力远不及青年潜力型人才，且同类人才争夺战也会"愈演愈烈"，引才代价也会进一步加大。当引才资金和项目支持大幅度倾斜于上述领域的领军型人才，也势必会弱化对该城市成熟领域的青年人才的支持力度。整体而言，目前大湾区内部城市人才政策在领域、人才对象上都存在一定重合性，尚未结合其本地核心产业领域制定精准化人才政策。

二、大湾区高等教育与创新产业合作存在的问题

大湾区正在推动国家从投资主导型向创新驱动型增长转变，逐渐转变为中国新的高科技中心。然而，在未来，它将面临创新革命中的许多挑战。

1. 大湾区劳动力市场需求与大学毕业生供给不匹配

作为国家重点区域性城市群，粤港澳大湾区已然是广东省内高校毕业生的首选。2019 年，大湾区共接收 39.08 万名广东应届毕业生，占全省已就业毕业生的 82.65%。这个比例在过去 6 年是持续上升的，2014 年的比例为 80.88%。2019 年不仅是历史接收比例最高，且也是增长幅度最高的，体现了大湾区框架出台后外界持有的乐观态度。同时，根据广东省教育厅《2019 年高校毕业生就业意向调查问卷》显示，未来大湾区依然是大多数毕业生的首选之地，其中以广州、深圳为最理想的就业地（图 6-2）。

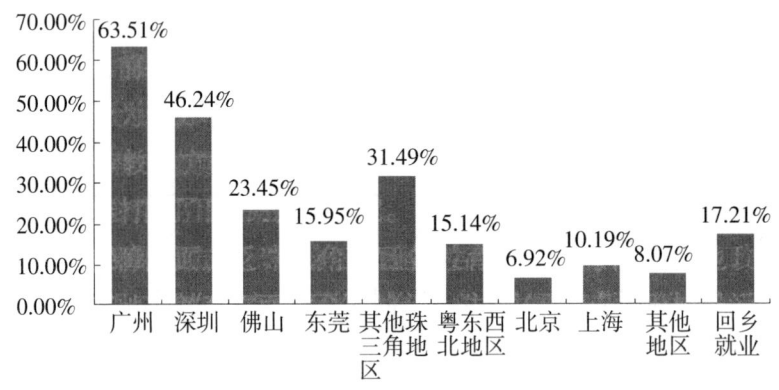

图 6-2 2019 年毕业生理想就业地区情况①

数据来源：广东省教育厅：《2019 年广东省高校毕业生就业质量年度报告》。

从当前毕业生就业产业方面来看，广东的毕业生就业主要集中在制造业、信息传播和信息技术产业，这些产业共吸纳约 38% 的毕业生。部分专业的设置过于饱和且与新兴产业契合度低，与广东省和国家规划中的新兴产业结构相关的专业，如人工智能、集成芯片制造、高端制造、现代农业、基因工程、飞行技术、互联网金融、海洋经济、水产经济等专业，点数较少或尚未设置。此外，与全国新设专业的情况比较，2014—2018 年，广东省新设置的特设专业数量明显偏少，全国各高校申报开设教育部目录外专业合计 143 种，由广东省高校申

---

① 广东省教育厅：《2019 年广东省高校毕业生就业质量年度报告》。数据来源于《2019 年高校毕业生就业意向调查问卷》，调查时间为 2018 年 6 月至 8 月，共发出 30 万份调查问卷，回收 25 万份有效问卷，覆盖全省所有学历层次和学科专业。

报的仅为9种。

香港毕业生就业主要集中在商业领域；澳门则主要依靠当地旅游和博彩业来吸引学生。随着数字经济的蓬勃发展，信息传输、软件和信息技术服务业，租赁和商务服务业，批发和零售业，科学研究和技术服务业以及文化、体育和娱乐业等"互联网+"产业对人才的需求会大幅度增加。然而从毕业生就读的专业来看，广东省内高校毕业生集中在管理、工程和文学等领域；香港高校大学毕业生主要集中在经济学、工商管理、工程和医学等领域；而澳门高校大学毕业生则集中于社会科学、商业和法律等领域。因此，从发展的角度来看，劳动力的供给与未来创新经济对于劳动力市场的需求不太匹配。为了满足未来创新产业的需求，三地大学可根据市场需求在学科结构上做出适当的调整。

2. 教育和研究资源在地区间存在很大差异，如何协调教育资源与产业布局，将是一个大的挑战

粤港澳三地在地理位置上虽然比较靠近，但三地在教育资源方面存在着巨大的差异。从2019年QS世界大学排行榜来看，香港教育资源最为丰富，有5所大学进入世界排名前100位，超过伦敦、波士顿和旧金山湾区。而且，香港的大学在科技相关学科方面得分特别高，包括工程技术、信息系统和计算机科学等。香港大学共有37个学科进入世界排名前100位，其中教育、建筑、语言、土木工程、社会政策和行政专业跻身世界前10位；香港中文大学有41个学科进入世界排名前100位，媒体专业进入全球排名前20位；香港科技大学有16个学科跻身世界排名前100位；香港理工大学有14个学科（包括土木工程和酒店休闲管理等）进入世界排名前100位；香港城市大学有5个专业进入世界排名前50位。内地大学资源多集中在广州。其中，中山大学有18个学科进入ESI全球排名前1%；华南理工大学有9个学科进入ESI全球排名前1%；暨南大学有8个学科进入ESI世界排名前1%。在2019年QS世界大学排名中，中山大学的社会政策和行政学科进入世界排名前100位，21个学科进入世界500强；华南理工大学的11个学科进入世界500强。

大湾区的传统制造业和高端先进制造业都很成熟，具有成为全球领先海湾区的良好潜力。广州处在西海岸，虽然教育和研发能力很强，但西部沿海城市的经济以传统制造业为主，迫切需要进行结构升级。如何以广州为中心，带动西部沿海城市的产业结构升级将是很重要的环节。香港和澳门在教育、研发和

高端服务业方面表现强劲。东海岸城市在高端制造业中具有优势。但是香港和深圳的生活成本非常高，高生活成本往往难以吸引国际人才，而昂贵的运营成本可能会破坏其竞争力。

三、小结

在中国经济新常态下，大湾区以"9+2"的城市群来拓展经济发展新空间，形成产业协同的产业生态圈，搭建创新网络平台，在探索从中国制造到中国智造模式中发挥着重要的作用。然而，大湾区教育与产业如何融合发展，即如何培养优秀人才、如何调整产业结构、如何优化配置人才使之契合产业结构，将决定未来湾区的经济发展速度。

目前大湾区的产业与教育融合出现两个方面的问题：一是教育与产业的发展水平不匹配。粤港澳大湾区教育资源相对丰富，拥有5所世界100强大学（数量位列四大湾区首位）和数量众多的高校（数量为175所，仅次于纽约湾区），然而仅有16家世界500强企业总部设在这里，在四大湾区中排末位，且创新型产业和高端制造业发展较为薄弱。另一方面，教育与产业的布局在地区间存在很大差异。粤港澳大湾区90%的优质教育资源集中在香港、澳门和广州，其他城市的高等教育机构较少。即便在这三个城市，教育资源分布也是不均衡的，比如，进入世界100强大学均在香港。就产业分布而言，地区差异更为显著。早年的"前店后厂"模式使香港的服务业、金融业得以腾飞。国家对深圳的规划使得深圳制造业的崛起并面向科研创新、高端制造转型。澳门的博彩业是其重要经济支柱产业。而在其他城市，则拥有着不同规模、不同产业的中小企业。未来城市将会以城市群的模式发展，这就需要城市与城市之间的系统协同发展。未来城市的发展也是产业群的发展，需要行业与行业之间的协同发展。当前这种教育与产业的发展水平不匹配以及在地区间存在的差异，迫切需要我们就粤港澳大湾区教育与产业深度融合发展进行合理规划研究。

第七章　香港高等教育发展经验以及对大湾区高等教育改革的启示

众所周知，高等教育对培养人才、提高国民文化素质和劳动生产率、提升国家的竞争力等具有极其重要的战略意义。当前，我国高等教育发展的核心任务是全面提升人才培养、科学研究和社会服务质量，建成若干所世界一流大学，早日跻身高等教育强国行列。拥有世界一流大学不仅是衡量国家高等教育发展水平的重要指标，也是科技、经济等综合国力的重要体现。

2014年5月4日，习近平总书记在北京大学师生座谈会上的讲话中提出，我们要认真吸收世界上先进的办学治学经验，并结合国情和遵循教育规律来办好中国的世界一流大学。[①]也就是说，我们不能盲目照搬国外的高等教育体制、理念、运行机制，而是需要建立在综合分析本国国情与对国外高等教育可借鉴程度的基础上。香港是中西文化荟萃之都，其世界一流大学的建设既有中国特色，又吸取了国际先进经验。虽然香港高等教育只有上百年的历史，但香港却是世界高水平大学最为集中的城市之一，是后发外生型国家或地区学习的典范。

因此，研究香港高等教育管理模式，总结香港地区的办学经验，把香港作为大湾区教育改革的样本，对推动珠三角的高等教育发展，促进大湾区向知识型经济转型和提高大湾区竞争力具有重要的借鉴意义和启示作用。

本章对香港高等教育的发展历程进行了梳理，并对香港地区的办学经验进行了总结，以期对大湾区高等教育发展有所启示。

一、香港高等教育发展简况

香港的高等教育（当地称为"专上教育"[②]），指中学毕业后继续受到的任

[①] 习近平：青年要自觉践行社会主义核心价值观——在北京大学师生座谈会上的讲话。http://www.xinhuanet.com//politics/2014-05/05/c_1110528066.htm，2014-05-05。

[②] 卢一威、伍世杰、韩笑：《香港高等教育》，中华书局（香港）有限公司，2016年。

何高于中学教育程度的专业、技术、学术性质的教育。香港高等教育发展始于晚清,最早的高等院校是1887年成立的香港华人西医书院,为香港大学医学院的前身。1911年,香港大学成立,成为香港的第一所大学。成立初期,由于英语授课(因大部分讲师及教授来自英国)和高昂的学费,限制了许多普通家庭的孩子以及英语不太好的学生入读,因此当时能够入读香港大学的学生被视为社会精英。[①]在此后长达45年的时间里,香港大学一直是香港唯一一所高校。这所学校的建立,也奠定了香港高等教育英国模式的基础。

20世纪50年代初期香港开始战后重建,既有大学资源逐渐不足以应付社会对大学学位的需求,这一时期出现了一部分私立的华文书院(包括1956年成立的香港浸会大学的前身浸会书院,香港中文大学的三所成员书院——新亚、崇基、联合书院),弥补了当时高等教育资源的不足,并间接促进了第二所公立大学,即香港中文大学的成立。香港中文大学的成立有着特殊的殖民主义背景,英殖民政府成立中文大学,是为了把中国文化纳入殖民地的教育系统中以遏制当时的反殖民思想。1963年香港中文大学正式成立,立校主张着重于研读中国文学作品并学习中国的历史与文化。60年代后期,考虑到满足香港人的教育需求以及香港的工商业发展的需要,香港开始重视高等教育,并将高等教育政策和经济发展及人力需求联系起来,陆续批准成立了香港教育学院、香港理工学院、香港浸会学院、岭南书院等。虽然成立了这些大学,但是仅有少量适龄人口能入读大学,所以大学依然被视为培养精英的场所,高等教育事业发展仍然较为缓慢。八九十年代,当时的教育司首长陶建(Kenneth Topley)非常重视香港高等教育的发展,并专门提出《陶建报告书》,这份报告书被视为影响20世纪80年代和90年代高等教育扩张的极为重要的官方文件,它令香港的高等教育进一步得到了扩张。同时,为了迎合当时社会转型重视商业发展的需求,提升香港在亚洲地区的竞争力,政府筹备成立了香港科技大学,并迅速推进几间学院的升格评估工作。[②]自此,香港高等教育的扩张获得了全面的推进。总的说来,香港高等教育的发展可以分为三个阶段:

第一阶段——奠基时期,是从1911年香港大学成立至20世纪60年代香港中文大学成立前后。这个时期发展高等教育的办学宗旨主要是将教育投资集中

[①②] 卢一威、伍世杰,韩笑:《香港高等教育》,中华书局(香港)有限公司,2016年。

于少数精英身上,培养他们成为代表英国利益的买办阶层。这实质是出于社会政治因素的考虑,而没有对香港高等教育发展做整体、长远的考虑。因此,从整体上说,这段时期香港尚没有明确的高等教育发展战略。

第二阶段——香港高等教育转型期,是从20世纪70年代开始至80年代末,这是香港经济全面腾飞时期,也是香港高等教育为促进地区经济繁荣而大发展的时期。这一时期香港教育发展在进一步加强基础教育的同时,更强调了高等教育作为其教育发展的"重中之重"。自1985年起,香港着手培训高等工业技术人才,以应对新技术革命带来的挑战和工业发展从劳动密集型向技术密集型的转变。90年代,香港行政局通过了一个"突进式"的高教发展计划,计划在1994—1995年,使香港适龄青年修读学士学位的比例从原计划的12.9%提高到18%。如果加上副学位和其他高等教育课程,约有25%的适龄青年有机会接受高等教育。

第三阶段——香港高等教育迈向卓越的突进时期。其标志是香港大学教育资助委员会(University Grants Committee,UGC,以下简称教资会)发布"卓越学科领域计划"(1996年起)和《香港高等教育:共展所长,与时俱进》[①](2004年)报告。同期,香港发布了《教育制度检讨:教育改革建议》(2000年)和《香港教育改革进展报告(四)》(2006年)。这些报告依据香港经济社会发展现状以及香港地区的发展定位,设定了高等教育和持续教育的发展目标和使命,并制定了各项实施策略(具体内容将在下一节详述)。这些战略措施促使香港高等教育有了一个质的提升。

从整体上回顾,20世纪60年代,香港18～23岁的青年能够接受高等教育的只有约1%;80年代初,17～20岁的年龄组别中只有2.2%可入读本地大学。然而到了90年代中期,香港的高等教育发展从精英化阶段迈入大众化阶段[②](1994年,香港高等教育毛入学率达到15.3%,到了2001年,这一比例已接近18%[③])。近些年,香港各大高校每年为社会培养并输送成千上万名专业人才

---

① 展望香港高等教育体系——大学教育资助委员会报告,http://www.ugc.edu.hk/big5/ugc/publication/report/her2010/her2010.htm. 2010.12.

② 根据美国学者马丁·特罗(Martin Trow)的高等教育三阶段论,在社会上18～22岁的适龄人口中,接受高等教育的人数比例为15%以下时为精英化阶段,15%～50%为大众化阶段,在50%以上则为普及化阶段。

③ 容万城:《香港高等教育:政策与理念》,香港三联书店,2002年。

(图7-1),高等教育的普及率已达到了60%。这在促进社会进步的同时也为年轻人发展带来新的机遇。

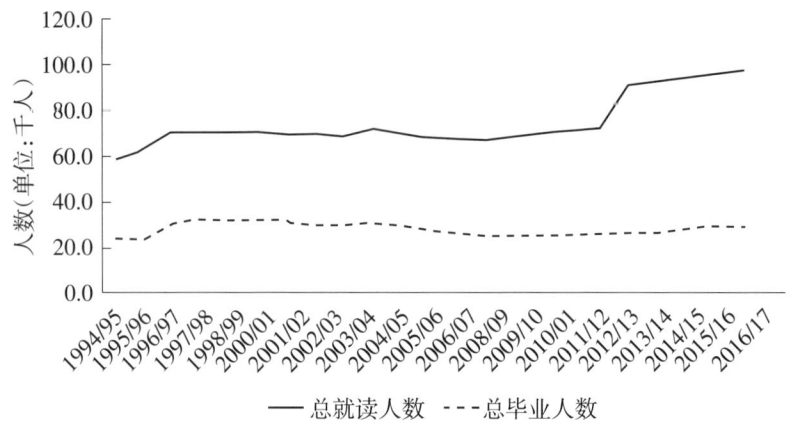

图7-1 香港公立高等院校历年总就读人数和总毕业人数①

目前,香港共有20所可颁发学位的高等教育院校,其中教资会共有8所院校,分别是香港大学、香港中文大学、香港科技大学、香港理工大学、香港城市大学、香港浸会大学、岭南大学、香港教育大学。②2019年《泰晤士高等教育特刊》世界大学排行榜③和QS世界大学排行榜④中香港大学分别排名全球第36位和第25位;香港科技大学分别排名全球第41位和第37位;香港中文大学分别排名全球第53位和第49位;香港城市大学分别排名全球第110位和第55位;香港理工大学分别排名全球第159位和第106位(表7-1)。

---

① 数据来源:大学教育资助委员会,自选数据,按大学及修课程度划分的教资会资助课程的学生人数1994/95至2016/17,按修课程度划分的教资会资助课程的毕业生人数1994/95至2016/17。
② 香港特别行政区政府教育局:香港可授予学位高等院校 [EB/OL]: http://www.edb.gov.hk/tc/edu-system/postsecondary/local-higher-edu/institutions/index.html.
③ https://www.timeshighereducation.com/world-university-rankings/2019/world-ranking#!/page/0/length/25/sort_by/rank/sort_order/asc/cols/stats.
④ https://www.topuniversities.com/university-rankings/world-university-rankings/2019.

表 7-1 香港八大公立高校国际排名比较

高校名称	《泰晤士高等教育特刊》2019 年排名	2019QS 世界大学排名
香港大学	36	25
香港科技大学	41	37
香港中文大学	53	49
香港城市大学	110	55
香港理工大学	159	106
香港浸会大学	401～500	277
岭南大学		601～650
香港教育大学	N/A	N/A

注：N/A 为未上榜。

资料来源：泰晤士高等教育特刊和 QS 网站。

二、香港高等教育办学经验

虽然香港高等教育只有上百年的历史，但香港却是世界高水平大学最为集中的城市之一。香港高等教育能取得如此优秀的成绩，除了与其经济转型相关的高等教育政策有着重要的关联外，还有以下四个方面的因素：

1. 明确大学的角色定位，提倡各院校共展所长、特色发展

进入 20 世纪后，香港加大对教育的投资力度，试图通过努力提升本地区劳动人口的竞争力，来推动经济转型和建设知识经济体系。[①]为此，香港教资会发布《香港高等教育：共展所长，与时俱进》[②] 报告，指出香港高等教育迈向卓越的关键在于各院校明确并努力发挥自身优势，并且侧重公共资源的分配以期提高资源使用效率。在此理念指导下，教资会确定了八所重点资助的院校并对它们进行了角色划分，以建立多元化而互相紧扣的高等教育体系（表 7-2）。

---

① 香港特别行政区政府网站。
② 展望香港高等教育体系——大学教育资助委员会报告. http://www.ugc.edu.hk/big5/ugc/publication/report/her2010/her2010.htm. 2010.12.

表 7-2　香港八大院校的角色定位与划分

资助院校	教学任务	研究任务	需具备国际竞争力水平的领域	角色划分
香港大学	学士学位和研究生课程	从事研究专长领域研究	教学与研究专长领域	从事尖端科研工作、发展教学和推动终身学习,为知识型社会和经济提供支援
香港中文大学	学士学位和研究生课程	从事研究专长领域研究	教学与研究专长领域	从事优质教育、研究、社会服务,为香港、全中国及亚太区域发展做出贡献
香港科技大学	学士学位和研究生课程	从事研究专长领域研究	教学与研究专长领域	带领传统工业转型、推动新兴高增值工业增长,促进经济与社会发展
香港城市大学	学士学位和副学士专业课程	以应用型研究为主	教学与研究专长领域	注重高增值的教育课程,培养全人发展和专业能力与技能
香港理工大学	学士学位和副学士专业课程	以应用型研究为主	教学与研究专长领域	培育全面发展且具有专业能力的学生
香港浸会大学	学士学位课程	促进教学发展	教学及教研相长的研究工作	提供既具启发性又具有创新性的本科生教育,培养求学者的价值观
岭南大学	学士学位课程	辅助博雅教学课程	教学及研究专长领域	开办具有东西方最优秀博雅教育传统的通才教育课程,为所有学生提供一个广阔的学习领域
香港教育大学	学士学位课程、专业教育和深造课程	—	教学	支援香港的学前教育、中小学教育及职业培训

资料来源:《香港高等教育:共展所长,与时俱进》报告。

《香港高等教育:共展所长,与时俱进》报告指出,院校"共展所长"是其核心主旨。因此，教资会在具体的政策实施过程中，无论是资助院校的选择、拟重点建设学科领域的遴选、经费拨付等，均以激励院校明确发展定位、谋求特色发展为核心，充分贯彻了其尽展所长、鼓励特色，把既有的优势学科发展为卓越学科的基本战略思想，不同高校受资助的学科领域各有侧重。由于香港各大学在角色、功能、特色上有着十分清晰的定位，且各大学均有自己独特的理念和使命追求，这样既避免了各校的重复竞争，又能帮助院校发展各自特色。

目前，除香港大学和香港中文大学为两所典型的综合性大学，其他各校学科各有侧重；从各大专院校承担的使命及培养层次来看，香港高等教育整体培养层次较高，而各校在培养层次上又各有侧重；副学位程度由部分院校承担，学士学位程度各校均有承担。香港大学通过提倡以研究为基础的教学，加强学习效果、教学内容、教学法与评估等环节相互促进，确保教学的高质量标准。香港中文大学通过制订教学目标和方法，来追求专业特色。香港科技大学强调以市场为导向，针对市场需要设置学科专业，面向社会办学，服务地区经济发展。

1996年，香港教资会发布"卓越学科领域计划"，提出要建立具有卓越学科领域的世界一流学府。"卓越学科领域计划"是香港高等教育从大众化教育转向追求卓越的标志。"卓越学科领域计划"对卓越学科的选拔主要立足香港经济社会发展的战略需求，并基于以下三个标准：①就卓越学科项目而言，第一，计划要求所有卓越学科项目必须具有达到国际水平的条件，即确保世界水准；第二，卓越学科项目必须对香港的社会、经济发展起到积极的推动作用；第三，卓越学科项目必须有发展空间，即能够在现有研究基础及成果之上进一步发展。②就参与"卓越学科领域计划"的院校而言，所提交的项目初步建议书必须充分发挥院校有关学科的既有优势，突出学科特色。③就参与"卓越学科领域计划"的人员而言，必须具有相关专业背景和能力，能够发挥极高的科研潜能且具有有效的管理项目。"卓越学科领域计划"的实施，注重将有限的资源优先配置到最优的学科领域和最有发展潜力的院校以追求卓越。在该计划实施的过程中，教资会对项目的甄选以项目所属学科是否具有发展前景、是否有机会达到国际领先水平等作为标准，而院校自身的发展状况并不会影响项目的评审与资助。

从教资会资助的个人研究学科领域来看：除香港教育大学和岭南大学之外，

其他高校获得教资会资助的个人研究项目几乎覆盖了所有学科领域。其中，香港大学和香港中文大学侧重生物学、医学、人文学和社会学领域，香港科技大学、香港理工大学、香港城市大学侧重工程学，香港浸会大学、香港教育大学和岭南大学侧重人文学和社会学。从教资会资助的合作项目来看，则主要是资助信息科学、生物学及医学、海洋与环境科学和新材料科学等新兴的前沿交叉学科。

在"卓越学科领域计划"和《香港高等教育：共展所长，与时俱进》报告两大政策的推动下，香港高等教育发展成效显著：一方面，大学排名迅速攀升；另一方面，获资助学校在人才培养、科学研究、国际化水平及合作交流等方面均发展迅速。以科学研究为例，结合2016—2017年政府对各院校的经费拨付状况可发现：①香港大学（44.7亿港元）、香港中文大学（42.5亿港元）、香港理工大学（30.6亿港元）所获得的总资助金额高于其他院校。相应地，这三所高校的研究成果总数（香港大学6672个；香港中文大学5733个；香港理工大学3732个）也是八所院校中最多的。香港浸会大学（11.8亿港元）、香港教育大学（8.76亿港元）和岭南大学（4.22亿港元）是获得资助最低的三所院校，其研究成果总数也是八所院校中最少的。②作为重点资助院校的香港大学、香港中文大学和香港科技大学获得的研究用途补助金和指定用途补助金高于其他院校。相应地，三所院校的研究实力（研究成果所获奖项）也明显高于其他院校（表7-3）。

表7-3 2016—2017年度香港特别行政区政府对各院校的经费拨付状况

资助院校	补助金（亿港元）	研究项目经费（亿港元）	研究成果总数（个）	研究成果所获奖项（项）	国家专利数（个）（2012—2013年）
香港大学	44.7	101.31	6672	233	37
香港中文大学	42.5	44.55	5733	367	60
香港科技大学	23.9	30.9	2728	136	75
香港城市大学	24.5	17.49	3158	147	21
香港理工大学	30.6	36.57	3732	55	58
香港浸会大学	11.8	8.28	1692	76	4
岭南大学	4.22	1.22	507	9	0
香港教育大学	8.76	4.41	1097	21	0

资料来源：教资会网页。

不同于其他六所资助院校，香港教育大学和岭南大学均没有"卓越学科领域计划"资助金,且从表7-3中可以发现,香港教育大学和岭南大学的研究成果在所有院校研究成果的排序中位于最后。

总的说来,香港高校门类齐全、定位准确,每所院校都有自身独特的亮点和价值取向,不同类型的大学有不同的分工,各自扬长避短,办出具有特色的学校。如香港大学在商学、临床医学、化学、植物和动物学等方面的研究居世界领先地位;香港科技大学在纳米科技、电子资讯等领域走在国际前沿;香港中文大学在中国研究、生物医学、通信信息、经济与金融、地球信息与地球科学领域尤为突出,接近世界一流水准;香港理工大学及香港城市大学是英式研究型学院,用来培养高端人才;香港浸会大学及岭南大学则是推动通识教育的博雅学院型;职业学院教育体现了社会需求和职业服务的要求。

2. 重视高等教育质量、有完善的质素保障机制

高等教育的普及化以及政府削减高等教育预算经费给教学质量带来了挑战。此外,由于主要大学排名系统均强调科研成绩及国际化表现,为避免大学在追求更高排名的同时而忽视教育质量,教资会于20世纪90年代开始引入"研究评审工作"及"质保局质素核证"等素质保证机制,并于2007年设立专门机构——质素保障局（Quality Assurance Council,以下简称"质保局"）,定期进行评审活动,以确保由其资助的院校能够提供高素质的教育及进行高质素的研究发展工作。[1]教资会一方面大力开展学生评价与雇主追踪调查,另一方面也辅助高校设计发展定位、监督发展规划,力求使高等教育在配合市场、消费者的需求以及追求卓越两方面获得双赢。

质保局是教资会辖下一个半独立的非法定组织,其主要通过定期在各院校进行质素核证,帮助具有自行评审资格的院校反思其校内质素保证机制是否切合所需（即fitness for purpose）,以确保教资会资助大学提供的所有课程的教育质量得以保证并有所提升。[2]质素核证以ADRI模式对教资会资助院校的教与学质量进行审核。ADRI模式即①方向（approach）：院校关于教与学的目标与方向是什么；②部署（deployment）：院校为达到其目标而采取的措施是什么；③结果（results）：有何证据证明院校完成其目标；④改进（improvement）：院校

---

[1][2] 卢一威、伍世杰,韩笑：《香港高等教育》,中华书局（香港）有限公司,2016年,第82页,第86页。

做出了什么努力以求改进与提高（表7-4）。①

表7-4 质素核证的方法

ADRI 模式	诠 释	具体操作
方向 approach	院校关于教与学的目标与方向是什么	根据教资会对学校的角色定位和学校的发展使命以及外部相关参照点（如质素框架），核证学校的教与学目标设立依据及其合理程度，以及目标在学校内部的传达沟通机制
部署 deployment	院校为达到其目标而采取的措施是什么	学校的质量保障政策和整体战略规划、规章制度、具体质量保障程序和操作规程（如课程设计和评估）等质量保障举措，以及资源配置是否以实现目标为导向
结果 results	有何证据证明院校完成其目标	通过系统分析学校所采取的质量保障措施等相关证据核证学校质素核证的11个"重点领域"——适切恰当的目标、学校的管理、规划与绩效问责、课程发展与审核机制、课程监控与评鉴机制、课程设计与发展、课程教授和学习环境（包括资源配置、教学方法、学生学习环境等）、体验式学习与课外学习（如领导能力培养、国际交换学生、服务学习等）、评估（对学生的学习行为和学习成效进行评估）、教学质素和教师发展、学生参与和研究型学位课程特有的活动（如学生学业成绩）的目标实现程度
改进 improvement	院校做出了什么努力以求改进与提高	核证学校有无分析其教与学目标绩效并建立反馈循环机制以持续提升和改善教与学质量

质保局主要通过两方面确保质素核证过程和结果的公平性。一是在核证小组人员的构成上，聘用公众信任的专业人士和社会人士，其中不乏外籍专家。由海外人士构成的评审小组一方面可以很好地吸收国外的教育评估的经验，另一方面也能够促进评审工作的客观公正，增加评审的公信力。二是通过院校自身的参与保障核证的过程与结果的公信力。院校自始至终都可以表达自身的想法，积极参与核证全过程，包括核证报告成文和发布的阶段。教资会在实施质

---

① 香港质保局，第一轮核素认证：https://www.ugc.edu.hk/doc/eng/qac/manual/auditmanual.pdf.

量保证过程中将学科层面和机构层面加以整合，保证质量核证综合化、立体化。香港质保局的监督范围覆盖了学校的院系以及各个科目，同时亦关注学校的发展目标、发展计划、评估方法、评估结论等多个方面。

此外，香港高校普遍建立了"学系评估"和"课程评估"，以保证教育质量。学系评估一般每五年一次，评审团由校内外专家组成。学系评估的核心是推动学系进行自我监控，对自身工作进行持续评价，并提出改进策略。课程评估包括设前评估和设后评估，由课程管理委员会负责。设前评估主要对课程是否符合学校目标定位，人才培养是否适应市场需求，师资、设备等条件能否满足教学需要等进行评判。课程实施后，也要每年进行检讨，并每五年进行一次全面重估。教资会要求参与院校在项目开展的每个阶段提交项目进度报告。在审阅项目进度报告之外，教资会也会在项目的不同阶段通过与项目小组成员面对面交谈、实地考察等方式进行实地探访，以确保项目的质量和进度，并根据具体的监督考评结果确定后续的资助额度和经费拨付。

香港高等教育质量保证体系中不同的角色区分十分清晰、明确。作为外部保证的相关部门，教育统筹局、大学教育资助委员会、学术评审局促进与协助高校提升教育质量的使命明确，所承担的职责各不相同。同时，各高校履行的职责及其角色定位清晰。总体而言，香港高等教育建设方面具有严格的审核与监督机制，这些机制有助于消解院校建设中政策实施的偏差，有助于提升一流大学建设政策的有效性。

3. 重视高等教育国际化发展，鼓励院校迈向国际化和多元化

香港特别行政区政府非常重视高等教育的国际化发展，鼓励院校迈向国际化和多元化。为了推动国际化发展，自2004年以来，教资会每年都在其年报中提及院校国际化，并由最初只着眼学生交流活动，到强调增加本地学生人数，至近期提倡并补助鼓励多元文化融合的项目或计划，以及向海外推广整个香港高等教育界。①

2004年1月，香港教资会发布《香港高等教育：共展所长，与时俱进》报告，强调香港高等教育应该建设成为亚太区域教育枢纽，并努力提升其国际竞争力。2010年，教资会发布《展望香港高等教育体系》报告，再次提出香港高

---

① 见教资会网页，http://www.ugc.edu.uk。

等院校需要发展国际化来发挥其国际竞争力和影响力。该报告将国际化作为单独一章进行论述，指出国际化应成为教资会资助院校的发展重点之一，并提出10项建议，其中包括国际化应渗透进院校所有活动，并期望政府及院校制订清晰明确的策略。

在这一系列政策的推动下，香港各高校均将国际化作为办学的重要目标和方向。比如，香港大学以"一是为中国而立，二是沟通中西文化交流"为办学目标[①]；香港科技大学"定位为一所在国际上具有深远影响，而又致力为本地服务的优秀学府"；香港中文大学以"满足香港、全中国，以至世界各地人民的需要，并为人类的福祉做出贡献"为使命。办学理念是大学发展之魂，国际化的办学理念为香港高等教育的长远发展奠定了坚实的思想基础，并引领大学制定一系列发展战略以指导办学实践。[②]

香港高校在能反映高校国际化水平的代表性的两个指标（留学生和外籍教师的数量和比例）上均表现很出色。香港高校向全球招收创新拔尖人才，同时通过一系列课程和学术交流合作计划，扩大国际生源比重。据统计，2017—2018年度[③]，8所大学在校生共计100 206人；其中，非本地学生17 048人，达到17%（图7-2）。这一比例和发达国家普遍为10%～20%的比例（澳大利亚留学生占在校生总数比例达到了19.8%，英国为16.9%；法国和德国超过10%）相当。为了落实校园国际化的目标，香港各大学制定了多项计划来扩展香港境外学生的招收和本校学生海外的交换工作。例如，香港大学制定"香港大学世界联系网"计划，为校内1/10的同学提供到海外学习的机会，并录取同等数量外国留学生来校学习。2016—2017年度，来香港大学进修的交换生有1548人，截至2018年9月，交流伙伴学校的数目达到360个，分布于44个国家。香港高校设置丰厚的奖学金，吸引了众多来自世界各地的学生。香港高校本科生中非本地生比例为24%，研究生中非本地生比例为42%，远远超出世界高收入国家该项指标的平均水平（10%）。[④] 生源的国际化有利于培养学生的国

[①] 张文峰、钟丽萍、何斌：《香港高等教育国际化对内地高校发展的启示》，载《教育学术月刊》，2009年第7期。
[②] 朱艳：《香港科技大学的国际化办学理念及启示》，载《现代教育管理》，2012年第5期。
[③] 教资会2018年数据，https://cdcf.ugc.edu.hk/cdcf/searchStatSiteReport.action#.
[④] 董辉、陶晓东：《挑战与应对：走向国际化的香港高等教育》，载《黑龙江高教研究》，2008年第2期。香港大学网站，https://www.cpao.hku.hk/firstandforemost/internationalisation.

际视野，同时也营造了良好的国际化办学氛围。

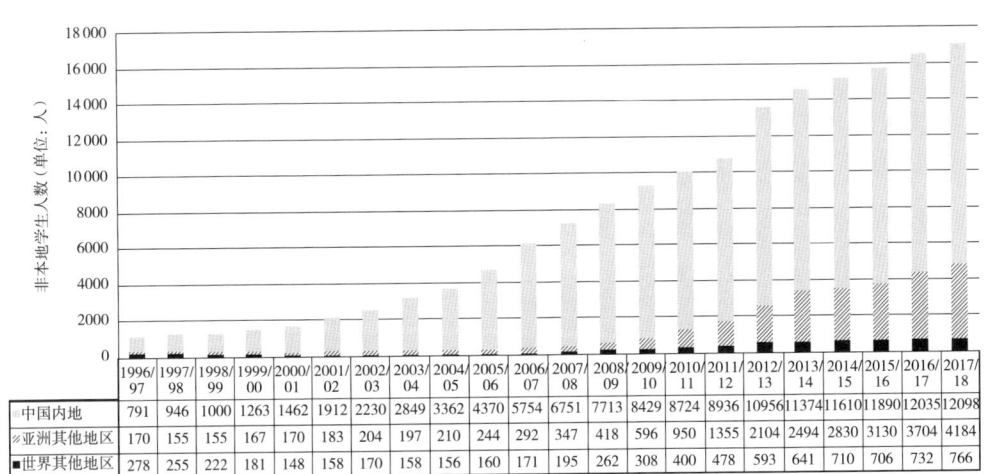

图 7-2 教资会资助院校非本地学生人数

资料来源：教资会（2018）统计数据，https://cdcf.ugc.edu.hk/cdcf/indepthAnalysis.action；卢一威、伍世杰、韩笑：《香港高等教育》，中华书局（香港）有限公司，2016年。

注释：包括就读本科、研究生及副学位程度全日制及兼读制学生。

香港高校的国际化还体现在教职员工的国际化。香港高校十分重视招聘国际一流人才，并为员工提供优厚的工作待遇。目前，香港8所大学的外籍教师占比已超过40%。即使是本地教师，绝大部分都有海外留学背景，一些名校的教师更是加州理工学院、牛津大学、斯坦福大学等世界顶尖高校毕业的博士生。如香港大学国际教授（不含客座教授和名誉教授）的人数为581人，占该校教授总数的56%，其中，将近一半的国际教授来自欧美发达国家；香港科技大学现有的450名教授均有留学背景，其中75%的教师具有世界一流大学博士学位[1]。国际化的师资不仅促进了香港高校教学与研究水平的提高，也为香港高校与世界一流大学架起了沟通的桥梁。

此外，为保证课程内容的先进性和前沿性，香港高校的大部分课程均采用国外原版教材，并采用英语授课。为了开阔学生的国际视野，增加对多元文化的认同感，香港高校开设了与国际接轨的通识教育课程，内容涉及世界历史、世界地理、世界各地文化传统和生活习俗等。当前，随着慕课（MOOC）的兴

---

[1] 张仕华：《香港高校为何魅力依然？》，载《高教发展与评估》，2012年第2期。

起，教育界掀起了新一轮网络教育的高潮，香港大学、香港中文大学纷纷加入 EdX、Coursera 等 MOOC 组织，保证课程设置与国际接轨。课程是人才培养目标实现的基础，课程设置的国际化保证了国际化人才培养目标的实现。

4. 政府对高校的财政投入力度逐年增加，以支持高等教育发展

经费投入是教育事业发展的物质基础和重要保证。20 世纪 80 年代以来，为推动高等教育发展，香港一方面鼓励高校积极面向社会，加强与企业合作，获取经费，同时吸纳校友和社会人士的教育捐助，另一方面持续加大财政投入（表 7-5）。

表 7-5 香港特别行政区政府历年教育经费拨付情况（2003—2018 年）

学 年	资助金额（亿港元）	占政府支出比例（％）	占教育经费比例（％）	支出经费占GDP比例（％）	生均培养经费（万港元）
2003—2004	114.91	6.0	25.5	1.41	21.1
2004—2005	104.54	5.2	22.9	1.30	20.5
2005—2006	99.19	5.6	23.9	1.24	20.8
2006—2007	898.12	5.5	24.1	1.23	22.0
2007—2008	101.03	5.3	23.2	1.24	24.0
2008—2009	106.41	4.1	17.1	1.38	25.3
2009—2010	108.57	4.4	22	1.34	23.9
2010—2011	110.20	4.7	23.4	1.26	23.5
2011—2012	120.12	4.5	24.1	1.26	24.7
2012—2013	139.39	5.0	24.7	1.30	21.5
2013—2014	155.03	4.0	22.9	1.30	22.2
2014—2015	166.09	4.5	24.2	1.31	23.7
2015—2016	181.25	4.4	24.1	1.35	25.3
2016—2017	189.01	4.2	23.7	1.35	25.9
2017—2018	195.39	4.3	23	1.30	26.8

数据来源：教资会数据，2018 年 7 月。

过去 20 年，香港特别行政区政府在教育方面的开支年增长率为 4.15%，从 1996/97 年度的 150 亿港币增加到 2017/18 年度的 350 亿港币（图 7-3）。《香港特别行政区政府 2010—2011 年施政报告》中指出，教育经费占特区政府整体

经常性开支超过 1/5，是特区政府的最大开支项目。仅在 2017—2018 年度，教资会资助大学的补助金为 203 亿港元，占香港特别行政区政府在教育方面开支的 23%，占香港特别行政区政府开支总额的 23%[①]。2013—2014 学年，政府对 8 所大学的资助经费已达 175 亿港元，占政府财政支出的 4.0%，占教育经费投入总额的 22.8%。2012—2013 学年，8 所大学总开支为 270.44 亿港元，占当地生产总值的 1.3%；生均培养经费达 21.5 万港元，其中副学士、学士、研究生学位三种不同层次生均经费分别为 13.7 万港元、20.1 万港元和 49.1 万港元。雄厚的资金支撑为香港高水平大学发展提供了重要基础。其中香港大学政府资助占该校总收益的比值达到 63.7%；而香港教育大学政府资助占比更是高达 76.1%。香港特别行政区教育资助委员会根据高校的学位等级、课程类、专业设置和用途种类分别设置了人均教育经费方案和实施细则，并定期公布，稳定增加高等教育经费投入规模；同时，以绩效预算管理机制鼓励高校通过竞争性途径获取科研经费，促进教学研究，实现资源的合理配置。

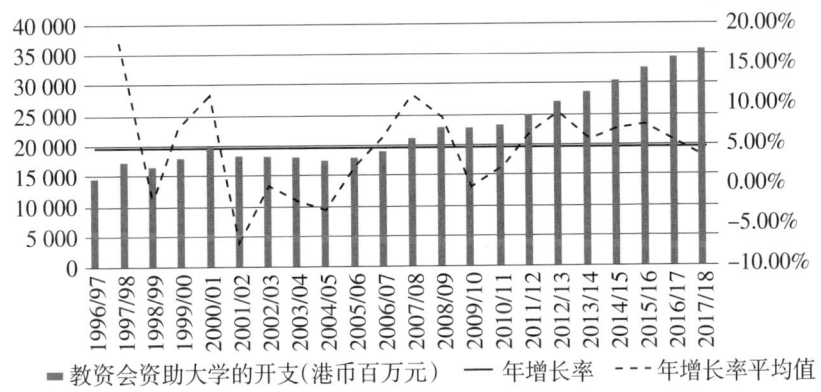

图 7-3　教资会历年资助大学的开支情况（1996—2018 年）

数据来源：香港教资会网页。

教资会在研究了世界高等教育发展趋势后，认为单一靠政府财政投入并不足以支撑 8 所大学成为世界一流大学，应该放宽管制，使院校在财政和规划方面有更大的自主权，引导高校参与市场竞争，引入非政府渠道资助。为加强各大学的市场筹资能力，教资会从 2009 年开始，每年拨出 5000 万港元推动各院

---

① 教资会 2018 年数据，https://www.ugc.edu.hk/doc/eng/ugc/publication/report/AnnualRpt1718/11.pdf.

校参与知识转移工作,包括大型合作研究、注册及授权专利、统筹顾问项目及成立附属公司等,极大提高了各院校的经济实力。据统计,2010—2011 学年,香港 8 所大学通过知识转移获得收入总计 7.6 亿港元,2011—2012 年这一数字上升为 10.5 亿港元,其中香港理工大学、香港中文大学、香港大学和香港科技大学分别为 2.85 亿港元、2.37 亿港元、2.24 亿港元和 1.39 亿港元。

各高校也会将教育经费中的大部分投入教学与科研之中。以香港科技大学为例,在 2009—2010 财年,在这所研究型大学的总支出中,最大一项开支用于教学与研究,占总开支的 73%。香港高等教育经费管理的特点体现为灵活而自主的拨款计划和周期,详细而周密的非经常补助金分配方式,及时而有效的院校成本处理应急办法。香港大学已经实现了多元化经费来源,科学研究成为教育经费的主要流向之一。香港中文大学教育经费与香港自由的市场经济环境相适应,多元化的经费拨款使学校在设立教育方向上呈现百花齐放的特色。充分利用政府、工商界及社会力量等多种筹款渠道,为大学争取到为数可观的研究资助,是香港科技大学成为世界级研究型大学的保障。

三、借鉴与启示

将香港作为大湾区教育改革的样本,把香港经验引入大湾区内地的大学,(目前内地已经有了一些试点,如:香港中文大学—深圳和香港科技大学—南沙),对推动珠三角的高等教育发展以及促进大湾区内部高等教育融合具有重要的启示作用。

1. 明确和优化学科设置,加强"院系评估"和"课程评估",以保证教育质量

在学科的设置上依据三大原则:一是学科能否服务本地,辐射全国,专业不仅要贡献于本地区的经济社会以及文化发展,更要助力中国的国家建设;二是学科专业能否吸引到一流的学者做带头人;三是经费的配置能否与合适的人才队伍相匹配。具体到专业的教学安排上也经过慎重的权衡和周密的设计。一是考虑学系和学校的地理位置和学术处境、社会的需求、地区经济能够负担的规模;二是系内部的课程设计,考虑本校和本系的优势和劣势,不因人设系,先考虑本系的特色和局限性,定位之后才去聘请对口和适任的教授,并且尽量

避免重复授课。院系评估的核心是推动院系进行自我监控,对自身工作进行持续评价,并提出改进策略。课程评估包括设前评估和设后评估。设前评估主要对课程是否符合学校目标定位,人才培养是否适应市场需求,师资、设备等条件能否满足教学需要等进行评判。课程实施后,也要每年进行检阅,并每五年进行一次全面重估。

2. 大力引进人才,重视教师的梯队建设

大学既强调一流人才的引进,同时也重视教师的梯队建设。对于教学科研岗的教师采用面向世界市场招聘人才的方式,程序完全开放,充分利用互联网、学术界的人际关系网及相关学科出版物等大量发布招聘公告。此外,对"永久职"的评核过程要严谨,新聘讲师或助理教授运用一期三年的合同,在两期,即六年后才决定是否颁予永久职。

3. 在条件允许的情况下,逐年增加财政投入力度,以支持高等教育发展

经费投入是教育事业发展的物质基础和重要保证。为了保证大湾区迅速成为国际教育示范区、科技创新中心,政府不仅要持续加大财政投入,还要鼓励高校积极面向社会,加强与企业合作,获取经费,同时吸纳校友和社会人士的教育捐助。另外,政府应该放宽管制,使院校在财政和规划方面有更大的自主权,引导高校参与市场竞争,引入非政府渠道资助,包括推动各院校参与知识转移工作,包括大型合作研究、注册及授权专利、统筹顾问项目及成立附属公司等,这些将会极大地提高各院校的经济实力。

4. 运用网络建立外围联盟

珠三角高校可以运用自身的专业知识和教学能力,向大湾区内的中学、社会团体、科学馆、传媒等提供义务服务。同时运用自身的科技成果和创新力量,与所在区域、全国和国际工商界建立合作关系并进行创业。另外,要大力推行学生交流计划,制定"世界联系网"计划,未来几年确保为校内至少1/10的学生提供海外留学机会,同时还要录取同等数量的外国留学生来该校学习。

表7-6为香港各大学科研实力与研究专长领域,可资参考。

表7-6 香港各大学科研实力与研究专长领域

	世界排名	工程与技术	计算机科学	研究专长领域
香港大学	26	30	26	生物医药、生物学、化学、计算与信息、药物安全与质量、综合生物学、新能源、新材料、神经科学
香港科技大学	30	17	14	人工智能、生物技术、大数据、土木工程与环境工程、电子产品、环境与可持续发展、燃料电池、信息技术、纳米技术、神经科学、机器人与自动化技术、无线通信
香港中文大学	46	41	28	生物医药、化学、电子与信息通信技术、环境与可持续发展、机器人与自动化技术、智慧城市
香港城市大学	49	63	50	生物医学科学、海洋环境、材料科学、无线通信技术
香港理工大学	95	56	51	先进制造技术、建筑学、土木工程、康复科学、结构与环境工程、可持续城市发展、轨道交通、纺织品

数据来源：QS 2019年全球大学排行榜以及各大学网站。

第八章　香港科技大学跨越式发展的经验及启示

自 1911 年香港大学建立开始，高等教育在香港的发展已有上百年历史，如今香港高等教育体系在国际上享有一定声誉。在香港地区名列前茅的三所高校中，香港大学与香港中文大学均为老牌名校，而香港科技大学建校仅有不到 30 年的时间，却能在学术研究和学生培养领域取得突出的成就（表 8-1）。

表 8-1　香港科技大学与其他大学研究成果对比

大学名称	研究成果总数		经审阅的研究成果总数		奖项（项）		奖项占审阅作品比例(%)	
	2015/16	2016/17	2015/16	2016/17	2015/16	2016/17	2015/16	2016/17
全部大学①	25719	25319	19223	18159	910	1044	5	6
香港大学	7089	6672	5777	5331	286	233	5	4
香港中文大学	6081	5733	4901	4194	204	367	4	9
香港科技大学	2614	2728	1929	1867	170	136	9	7

数据来源：大学教育资助委员会，按学科及大学分项的研究成果，2015/16 至 2016/17。

香港科技大学除了在 QS 排名中获香港第 2 位之外，还在泰晤士高等教育评选的 2018 年全球顶尖 250 所年轻大学中位列第一，并在法国人力资源机构 Emerging 设计及德国市场研究公司 Trendence 公布的 2017 年全球大学就业能力排名中位列第 12，连续 5 年位列大中华区院校之首②。此外，香港科技大学在 20 世纪 90 年代初建校的头两年就直接招收内地研究生，开香港风气之先，对于香港和内地日后的学术和教育交流起到引导作用。目前，香港科技大学本科部的非港籍学生占全校注册学生总数的 20%，达到政府规定的比例上限，其中

---

① 指大学教育资助委员会资助的全部大学。
② 资料来源：https://hkust.edu.hk/about/rankings。

45% 的学生来自内地和台湾，而通常录取的内地生高考成绩都在顶尖的 2% 之内①。

香港科技大学自 1991 年创校以来，迅速成为国际知名大学，并带动香港转型为知识型社会。本章选取香港科技大学作为大湾区高等教育发展的代表案例，通过回顾年轻大学迅速崛起的过程，探讨香港科技大学如何在较短时间内建设起高质量的大学，分析其成功的经验，这对于处在新兴阶段的粤港澳大湾区教育来说有着一定的借鉴价值。

一、香港科技大学的发展理念

20 世纪 80 年代，全球迎来经济转型的关键时期，高科技产业迅速发展。而当时香港的经济发展继续依靠经贸产业，相对忽视了科技与文化产业在现代经济中的地位，使得香港社会一定程度上错过了推动实质性转型的时机②。基于这样的本土发展背景，香港科技大学在筹备时期提出的目标是要集中资源建立一所专攻高科技和现代企业管理的研究型大学，使之能在跨国界专业领域上与同类世界级院校竞争。1986 年 9 月，"第三间大学筹备委员会"成立，由香港本地学界与工商界人士，加上海外人士共同担任委员会成员。1991 年 3 月，学校的教务委员会举行了首次会议，并于同年 8 月迁进清水湾校区，10 月香港科技大学正式开课，举办了首次开学典礼。

香港科技大学赋予自身的使命是"透过教学与研究，增进学习与知识，协助香港的经济与社会发展"，将"成为一所具有国际影响力及对本地有承诺的领先学府"作为发展理念。这个发展理念可拆解为三个部分："世界观——作为世界级学府，在每一个精选的教研领域走在国际前沿。国家观——作为中国最优秀的大学之一，对国家的经济及社会发展做出贡献③。地区观——作为本地区的主力分子之一，与政府及工商界通力合作，把香港发展成为以知识为本的社会。"从这些文字中不难看出，香港科技大学对学术研究的高度重视、推动本土发展的社会责任感，以及融入国际社会的视野。

---

① 齐锡生：《香港科大，还有什么好说的？》，海天出版社，2014 年，第 3 页，第 226 页。
② 吴家玮：《同创香港科技大学：初创时期的故事和人物志》，商务印书馆，2006 年，第 133 页。
③ 香港科技大学官网，http://www.ust.hk/zh-hant/about-hkust/hkust-at-a-glance/mission-vision/. 访问日期：2018 年 7 月 1 日。

二、香港科技大学的管理与运作机制

1. 校长负责制和学术主导

香港科技大学的高层治校结构包含三个部分：校董会、教务委员会和顾问委员会。校董会是最高层的权力机构，处理大方向、宏观政策及全盘性的财务预算和支出，既向政府负责，又替大学向政府争取资源。校董会设置一名主席，有重大决策时由主席带领校董进行讨论，这是达成结论和制定决策的唯一依据。教务委员会是最高层的科研评价机构，决定一切招生、课程、学位及学术研究的方向和政策。学术委员会由教授组成，其讨论和决定原则上校董会不得干预。这里体现的"学术主导"原则是香港科技大学治校的核心理念，尊重教授在校园重要事务上的话语权，对于保障公立大学的自主性有重要意义。顾问委员会是最高层的咨询机构，有如学校与社会之间的跳板，转达社会各界对香港科技大学的意见，并帮助大学争取了解和支持[1]。

在具体的组织架构上，香港科技大学实行完整的校长负责制，经过多年的完善与发展，现行架构涉及多个层级和职能部门（图8-1），首席副校长分管学术，其他三位副校长分别分管研发、行政和大学拓展三个主要部门，副校长向校长负责。学术部门是核心部门，统筹一切教学、学术研究和学术支持服务工作，包括教师的招聘、升迁和去留，学生的录取、课程、评核和毕业，并需制订学术政策的草案，提交教务委员会讨论、审议、立案[2]。其他部门则为支持学术研究、校园运作和学生生活而设立。

---

[1] 香港科技大学官网，http://www.ust.hk/zh-hant/about-hkust/hkust-at-a-glance/mission-vision/. 访问日期：2018年7月1日。

[2] 吴家玮：《同创香港科技大学：初创时期的故事和人物志》，商务印书馆，2006年，第80页。

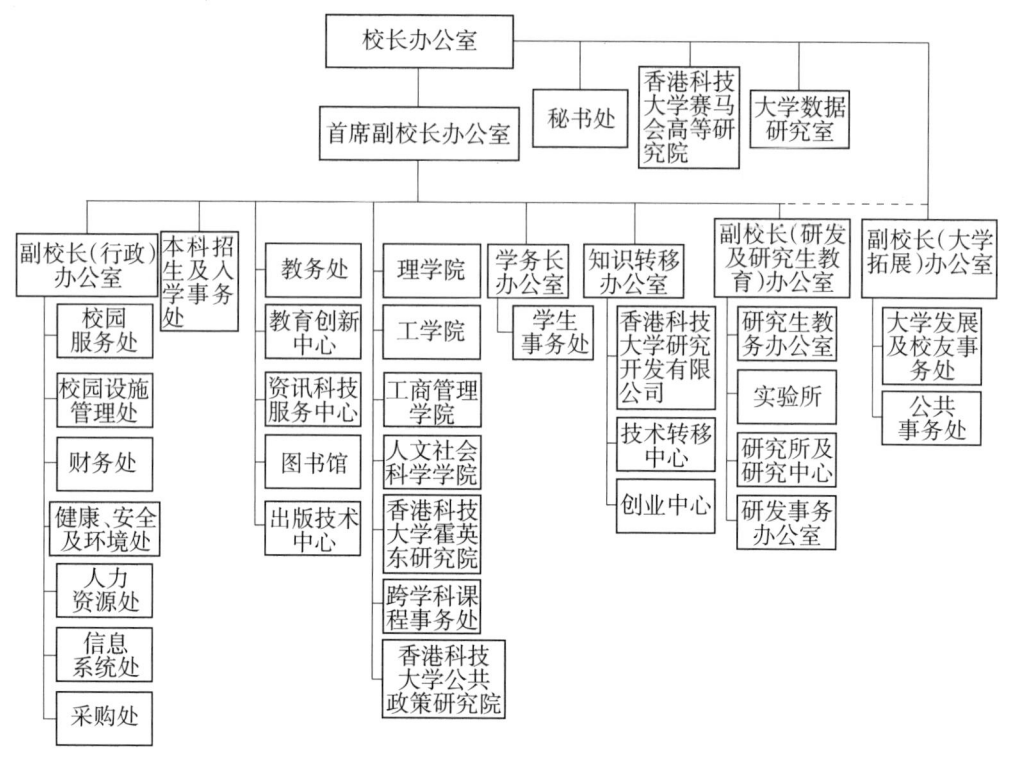

图 8-1 香港科技大学现行组织架构①

尊重学术主导的原则是保障公立大学自主性的关键,在香港科技大学,这一原则在治校结构中得以充分体现,最典型的就是教务委员会的成员结构和决策方式。教务委员会成员共55人,包括行政人员14人(即校长、副校长、院长、主要学术支持服务单位的负责人);系主任19人;各系自行选择出的教授19人;学生代表3人,包括两位本科生和一位研究生(部分关键或敏感议题学生不参与)。委员会成员全部是校内人士,没有政府官员或是商业企业派驻的代表来临场指导,在处理一切有关学校事务的政策、讨论和决策上,只要不违反大学法,不必受校董会的指导和干预。进行决策时,学术行政主管拥有保障性的多数票。教务委员会的决策范围广泛,包括本身的会规与议程、本科生学习政策、研究生学习政策、学生事务、奖学金政策、研究工作政策、图书馆政策、

---

① 资料来源:香港科技大学官网,http://www.ust.hk/zh-hant/administration/organization_chart/. 访问时间:2018年7月1日。

计算机服务政策、学术支持服务等。针对每一项决策，还设有以教师为主体的专责小组，小组成员需要花费大量时间和精力来讨论与决定学术政策。教师除了日常的教学和研究之外，还需要参与校、院、系等不同层级的专责小组[①]。

学术主导原则同样体现在校级和院级领导班子的任免上。香港科技大学每一层级的学术单位负责人都遵循严格的聘任程序。在校级层面，校董会统筹整个校长遴选程序。由校董组织的遴选委员会遵循独立运作和教授主导的原则，全程秘密运作直至完成整个遴选过程。委员会的成员一般以教授为主，校董为辅，有时也会邀请外界人士参与。副校长的选聘程序也与校长类似，遴选委员会成员由校长和校董协商决定。教授们可以通过遴选委员会直接参与校级领导的选择，这种透明、公平、参与性强的校级任免制度可以落实教授对领导层的监督和问责。在院级和系级层面，4名院长、19名系主任和学术支持服务单位负责人的选聘，都要通过遴选程序，任免权属于校长。校长要与学术副校长周密讨论相关人选的聘任、评核与去留[②]。

2. 教职人员管理、任用与提拔

香港科技大学对于教师和职员的管理是截然分开的，两者功能不可互相跨越，职务等级和任用资格完全隔离。"教授教学的服务对象是学生，研究工作的服务对象是知识界；职员的服务对象是教授和学生，工作性质属于后勤。"[③]香港科技大学用两套不同的行政管理体系来避免大学行政化。

对于教师的任用，香港科技大学既强调一流人才的引进，同时也重视教师的梯队建设。香港科技大学在创校初期就开始采用面向世界市场招聘人才的方式，程序完全开放，充分利用互联网、学术界的人际关系网及相关学科出版物等大量发布招聘公告。

截至2017年底，香港科技大学的任职教员为694人，非港籍教授占一半以上，教员80%以上来自哈佛、剑桥、麻省理工等世界顶级大学（表8-2）。在管理上，香港科技大学对于教学和研究都予以同等重视，教授的薪酬也与工作

[①] 吴家玮：《同创香港科技大学：初创时期的故事和人物志》，商务印书馆，2006年，第317-318页；齐锡生：《香港科大，还有什么好说的?》，海天出版社，2014年，第82页。
[②] 吴家玮：《同创香港科技大学：初创时期的故事和人物志》，商务印书馆，2006年，第80-83页。
[③] 齐锡生：《香港科大，还有什么好说的?》，海天出版社，2014年，第55页。

成绩紧密挂钩。科研方面，只有在国际公认有影响力的期刊或会议上发表，才能在香港科技大学获得研究成果认证。同时在教学方面也有明确的要求和准则，教授需要在授课内容和表现两方面接受观察和学生评价，必须符合香港科技大学规定的最低标准才能通过评核。

表8-2 香港科技大学教师人数（截至2017年）① 单位：人

	教员		
	常任	访问	总计
理学院	146	19	165
工学院	200	12	212
工商管理学院	131	13	144
人文社会科学学院	149	6	155
跨学科课	15	3	18
总人数	641	53	694

数据来源：香港科技大学官网。

对教员晋升和长聘的评审制度，是研究性大学教员整体素质的核心保障。香港科技大学的教师评核程序安排依然遵循学术主导原则，因为教师的聘任和晋升是由各级教授小组负责的。所有级别教职的初步评核都是在学系进行，小组成员为学系教师，小组成员的级别视评核对象级别来定，可包括正教授、副教授和助理教授。系主任和教授小组各出一份独立报告，将评核结论上报至院。院级评核由跨系组成的院级教授小组复审，成员是副教授和正教授，教授小组和院长各自缮写独立报告。评选助理教授时结论一致可在院级决定，不一致则送交校级再决定。副教授的评核在校级进行，由跨院教授小组进行终审，成员都是正教授，小组和学术副校长分别缮写报告，结论一致时可在校级决定副教授的晋升，结论不一致时则送交校长。正教授级别的评核案例必须送交校长，校长与学术副校长讨论，酌情与校级教授小组商议。整个评核过程邀请校外学者参与评议，征求可信的书面评估②。

---

① 数据来源：香港科技大学官网，数据一览 http://www.ust.hk/zh-hant/about-hkust/hkust-at-a-glance/facts-figures/. 访问日期：2018年7月1日。
② 齐锡生：《香港科大，还有什么好说的？》，海天出版社，2014年，第323页。

行政职员的招聘分为公开招聘和内部招聘两种方式。公开招聘是指中下级职员的招聘,在香港市场进行,少数领导层职位面向世界市场招聘;内部招聘则是指在职务出现空缺时,在学校内部进行公开招聘,接受现任职员申请参加评比①。在成为香港科技大学的正式职工后,员工的校外兼差将被严格限制。

3. 学科与课程设置

香港科技大学的学科设置依据三大原则。首先是学科能否服务本地,辐射全国,专业不仅要贡献于香港经济社会以及文化发展,更要助力中国的国家发展,在这个最重要的原则之上,再考虑其他两个可行性问题。一个是人才,即学科专业能否吸引到一流的学者做带头人;另一个是财政,即经费的配置能否与合适的人才队伍相匹配。具体到专业的教学安排上也是经过慎重的权衡和周密的设计。一是考虑学系和学校的地理位置和学术处境、社会的需求、地区经济能够负担的规模;二是系内部的课程设计,考虑本校和本系的优势和劣势,不因人设系,先计划本系的特色和局限性,定位之后才去聘请对口和适任的教授,并且尽量避免重复授课②。

香港科技大学主要从两方面致力于提高教学质量,培养优质学生。一是着力降低生师比。按照政府原本规定的比例,理想的生师比按本科生算,要达到理学院和工学院10∶1,商学院和人文社会科学学院14∶1,全校比例11∶1③。从表8-3可以看出,目前香港各大高校的师生比例都不能称之为理想状态,但香港科技大学的全校生师比是13∶1,属全港最优。

---

① 齐锡生:《香港科大,还有什么好说的?》,海天出版社,2014年,第55-56页,第64页。
② 齐锡生:《香港科大,还有什么好说的?》,海天出版社,2014年,第91页,第125页。
③ 吴家玮:《同创香港科技大学:初创时期的故事和人物志》,商务印书馆,2006年,第271页。

表8-3 香港各大高校生师比对比（2016/17年度）①

部门成本中心组别	大学								
	香港城市大学	香港浸会大学	岭南大学	香港中文大学	香港教育大学	香港理工大学	香港科技大学	香港大学	所有大学
学生对老师的比例	14.5	13.9	13.9	14.1	13.9	14.4	13.0	13.1	13.8
医科、牙科和护理科	—	10.9	—	12.0	—	12.8	—	9.2	10.9
理学科	15.3	12.1	24.5	16.2	10.2	14.9	14.3	14.3	14.5
工程科和科技科	14.7	—	—	14.3	—	15.5	11.2	15.8	14.4
商科和管理科	15.5	11.2	13.8	13.4	—	13.0	13.2	11.9	13.3
社会科学科	12.5	12.6	12.4	13.7	8.0	—	11.1	15.9	13.2
文科和人文科学科	15.0	16.4	14.3	15.7	13.5	14.8	13.6	14.2	14.8
教育科	21.3	20.5	—	12.2	17.6	—	—	11.6	15.4

数据来源：大学教育资助委员会。

同时，学校致力于在教学上实行通识教育和通才教育，将提供专业知识和开拓知识视野两者兼顾融合。课程设置上，本科生所修的课时并不限于本学院，比如每名学生都需上数学课，工学院学生至少念一年普通物理，所有本科生1/8的课时要用于选修人文社会科学学院的通识教育课程。本科生修满100个学分就可拿学士学位，学分要求比邻近许多大学更低，以避免学生为修满学分而选择对自己无用的课程。同时，为了鼓励学生大胆涉猎其他知识领域，香港科技大学有弹性规定，只要学生在本系之外加修外系课程达到一定数量，则可要求在毕业证书上予以记载，在求职时增强优势。另外，香港科技大学没有沿袭港英政府时期大学传统的短学期制，而是把学期延长了2～3周，增加教学量。延长学期之后，还增加了各科课程的内容，与本地其他学校的课程安排相比，学术分量大、功课强度高。教授授课安排上，规定资深教授必须以身作则去教低年级的入门课，优先考虑学生的受教育权利②。

---

① 数据来源：大学教育资助委员会，按大学及部门成本中心组别划分的教资会资助课程的学生对教师的比例，2016/17。

② 齐锡生：《香港科大，还有什么好说的?》，海天出版社，2014年，第126-127页，第132-133页。

4. 科研与经费管理

香港科技大学对于研究成果的认证十分严格，必须在公认严谨的国际一流专业杂志或会议上发表过的研究成果才能获得校方认可。再加上香港特别行政区政府赋予香港科技大学的研究使命之一就是要开拓学术研究的社会效益和商业适用性，因此香港科技大学的研发部门担负着成果开发的职能，使香港科技大学的研究成果可以贡献给社会大众，提升国际科研竞争力。

具体来说，香港科技大学的研究体系主要由两个部分组成。一是学校设立的研发部门直属研究中心。研究中心享有高度的自主权，可以直接接受政府和企业界的委托，聘用专职的研究人员，并调动组合本校的教授资源进行研究。专职人员拿研究中心发放的固定薪水，本校教授也可获得专项酬劳。这一部分的研究工作是连接大学与社会的桥梁，是落实香港科技大学研究成果开发的重要途径。二是研发副校长负责范围之外的全校教授的研究工作。教授自行拟定研究兴趣和方向，而非服从学校和院系安排。教授的自主研究所产生的经济价值需要向学校报备，所得利润需与学校进行合理分配。这一部分的研究安排与世界上各大高校并无二致，但对利润分配的规定能够防止教授过于注重研究而忽视了教学任务，体现了香港科技大学对研究和教学的同等重视①。

此外，香港科技大学设置有研究道德委员会（research ethics committee），由一名本校教授和另外两名校外人士组成，其中一名必须具有法律专业背景。该委员会的职责是审核一切与研究行为有关的道德问题。

香港科技大学有两条校外研究经费来源途径，一是来自国外和本地民间团体，另一部分，也是主要部分来自大学教育资助委员会。教资会除在每个财政年度的常规拨款之外，会对各大高校递交的研究计划进行评议，并给予额外的研究经费支持。香港科技大学在建校后就在相关的评审中表现出高水平，获得拨款的项目数量和金额如表 8-4 所示。香港科技大学校方十分重视每年度的计划评审，鼓励教授自由组合研究团体参与重大研究项目，并在校内经过教务委员会初审后再择优送审。参与项目的教授不仅自身具备丰富的经验和极高的名望，而且遵循严格招聘程序物色助手。从 1995 年起，学术部门领导要求系主任帮助同事写好研究计划书，以便增加全港竞争成功率。除此之外，香港科技大

---

① 齐锡生：《香港科大，还有什么好说的?》，海天出版社，2014 年，第 35-38 页。

学还会对落选的项目进行检讨，由研究中心派出负责人重新审查项目，制作失败原因的意见书反馈给项目申请人，作为改进参考①。

表8-4 香港科技大学历年研究项目获教资会拨款金额与数目②

学　年	研究专案拨款（百万港元）	研究专案（个）
2009/10	2076	2868
2010/11	2190	3124
2011/12	2346	3573
2012/13	2623	3782
2013/14	2300	3363
2014/15	2491	3534
2015/16	2674	3823
2016/17	3091	4179

数据来源：大学教育资助委员会。

此外，香港科技大学还会分配一定的校内资源作为研究经费，主要有两种类型。第一种为直接拨款，以校内资源设立奖助金，资助所需金额相对较低的研究项目，这些项目由各学院资深教授自组的评审委员会评出，不同级别的教授都有资格申请。第二种是特别奖助金，专门扶植初次跨入研究工作门槛的人士③。

不论是来自校外还是校内的研究经费，都将全数用于实际研究工作，校方不抽取行政管理费。经费由专门部门管理，教授不直接经手。财务部门设有采购部门和审计处，审计人员稽查用钱是否合法合手续④。

三、依据动态的社会经济环境制定适宜的发展策略

除了较好的管理与运作机制之外，通过回顾香港科技大学发展的历史，还发现香港科技大学能够实现跨越式发展的一个重要因素——依据动态的社会经济环境制定适宜的发展策略。这些主要表现为如下几个方面：

---

① 齐锡生：《香港科大，还有什么好说的?》，海天出版社，2014年，第39-42页。
② 数据来源：大学教育资助委员会，自选数据，研究项目拨款金额与数目。
③ 齐锡生：《香港科大，还有什么好说的?》，海天出版社，2014年，第43-47页。
④ 齐锡生：《香港科大，还有什么好说的?》，海天出版社，2014年，第51页。

1. 以发展科学与技术作为大学发展的重点

香港科技大学创校初期面临的政治环境是香港回归祖国，在"一国两制"原则下实现平稳过渡；经济方面的大环境是香港产业发展错过转型关键期，遭遇金融风波，科技行业尚未发展；而在社会大环境方面则是回归后"港人治港，高度自治"为港人带来参与论事的权利，使得各路思潮有表达平台，同时贫富不均的问题日益显现。在这样复杂且迅速变化的全球化大背景下，香港社会迫切需要整合资源建立一所研究型大学①。因此，香港科技大学便定下以发展科学与技术作为重点，以应对复杂的社会环境，同时满足公立部门和社会大众的各种期望。

2. 在招募员工方面，香港科技大学的定位是以华人学者为主体，兼顾全球学者

由于香港科技大学的理念是不仅要服务香港本地，更要扩大到服务广泛的珠三角地区，加之当时的中国刚刚参与经济全球化的改革浪潮之中，因此香港科技大学重点吸引心系故土的海外华人学者②，以期他们能够迅速地适应，并能更好地服务本土社会。当时香港的大学公共资助体系也正好迎来全面升级——大学资助委员会基于平等竞争的原则向每所大学分配经费而非侧重老牌名校，香港科技大学便充分利用这一契机，以非常优厚的待遇从全球招募华人学者，这为后来学校的迅速发展与扩张打下了扎实的基础。

3. 在香港地区大学中率先从内地大学招收研究生，与内地高校建立合作研究

与香港其他名校不同，香港科技大学服务本地社区的理念不仅指香港本地，更包括了祖国内地，因此学校在创办的头两年就开始直接从内地大学招收研究生。这个做法不但使香港科技大学的研究工作有内地研究生参与，也和内地大学建立了最早期的合作研究项目，对双方的研究工作都产生了正面影响。同时，也促进了内地学生和香港学生的交流，使他们熟悉彼此的文化和生活习惯，甚至建立了良好的人际关系网，为他们以后的事业打下了基础。

---

①②齐锡生：《香港科大，还有什么好说的？》，海天出版社，2014年，第51页。

4. 鼓励教职员、在校生及校友等开展创新创业，并成立深港产学研基地

香港科技大学于1999年设立创业计划，旨在帮助包括教职员、在校生及校友在内的香港科技大学社群成员创建科技创新企业，鼓励更多科学技术成果转化及造福地区经济和社会[①]。在创业计划的支持下，以香港科技大学社群成员为核心研发力量，同时鼓励创业人员面向全社会招募团队成员，形成研究落地、经济发展、人才培养的多重效益。例如，以无人机研发生产为核心业务的大疆创新科技有限公司，就是香港科技大学创业计划培育的成功案例。

除了青年人才培养之外，香港科技大学还紧密地与商业及产业部门合作，推动科技创新和经济发展。香港科技大学研究开发有限公司服务于香港科技大学的商业合作，帮助研究实现商业化，在大湾区已经建立了一系列合作项目。

1999年8月，香港科技大学与北京大学、深圳市政府合作成立深港产学研基地。2001年4月，香港科技大学深圳研究院作为香港科技大学在内地发展的联络办事处在深圳注册成立，是香港科技大学在内地发展的重要平台，也是连接深港两地科研和学术交流的桥梁。2011年9月，香港科技大学深圳产学研大楼正式启用，全部用于香港科技大学在深圳的发展。香港科技大学在2011—2016年五年策略发展计划中，进一步确立了加强在内地发展的宏伟策略。香港科技大学深圳研究院将紧紧围绕这一策略目标，紧密结合深圳及珠三角产业发展要求，深入开展产学研项目服务，为香港科技大学前沿科学研究成果转化和与工商界的合作提供新的平台，协助香港科技大学达成促进国家经济与社会发展的使命。目前，香港科技大学在大湾区开展的产学研项目涉及四个主要领域，包括生物医药、新材料、海洋环境、自动控制领域等，这些重点领域亦充分符合国家对大湾区未来发展的战略规划[②]。

除研究项目合作之外，香港科技大学在广州设立的霍英东研究院主要与内地进行联合招生和联合培养的合作，前者是香港大学授予学位（单学位），采用全英文全日制教学，完全依照香港模式进行，而后者为共同颁发学位（双学位），采用交换、轮流培养的方法进行教学，两地模式均有参照[③]。

---

①②③ 香港科技大学霍英东研究院网页，http://www.fytri.cn/index.php/Home/Page/index/id/1/l/zh.

四、借鉴与启示

香港科技大学在初创期和发展期的成功经验对于也处在新兴阶段的粤港澳大湾区的教育发展来说有着一定的借鉴价值。这些启示和借鉴包括如下几个方面：

1. 明确自身的发展定位与目标，把握历史机遇，成功实现对制度的学习与移植

香港科技大学成功实现在原有大学管理制度框架之外的创新并实现了跨越式的发展。作为一所新兴的大学，没有历史包袱使得学校领导层能够更容易实现创新与改革，拓展一条新的大学发展之路，但这不是必然成功的。在创立早期，香港科技大学高层也面临政府的多方压力而沿用遗留的英国书院制，但由于学校管理者的坚持使得香港科技大学最终走向了学习美国大学制度的道路。他们认真吸收了美国从东海岸到西海岸不同大学针对不同领域管理制度的特点，择其最优形成了一套适应香港本地经验的管理制度。更重要的是，历任的华人领导层不仅兼具国际视野，更有面向大中华地区，服务中国发展的理想信念，使得香港科技大学依托中国尤其是粤港澳的蓬勃发展获得成功。

发展期的香港科技大学密切与周边地方政府合作，积极推动产学研项目发展，为周边地区的产业升级做出重大贡献，这种长期性、持续性的产学研合作项目也可以作为未来大湾区高等教育机构的学习方向。

2. 规范研究投入，完善研究激励机制，保持学术活力

利用政府的资助有所侧重地加大科研投入固然是香港科技大学排名蹿升的原因，但更重要的是其较为完善的激励制度。对比政府对各大院校的资助，香港科技大学并无特别的优势，在全港高校中排第5。事实上，近年来数间中东地区的大学新贵都斥巨资意图复制香港科技大学的经验，甚至聘请香港科技大学的管理人员担当要职，但结果不尽如人意，很大程度上是因为这些高校只重视投入而忽视了制度建设。香港科技大学在香港教资会研究专案拨款评审中通过率一直比较高，得益于学校在资助管理上目标明确、赏罚分明、严格评估，既保证财政资源得到有效运用，研究项目得到恰当支持，又维持经费使用的透明与效率。院系和学校还会帮助没有得到教资会资助的科研项目寻求其他公共部门、社会和企业的财源支持。为了增加论文国际发表率，学校还有专门部门协助研究人员润色英文稿件。此外，在保证经费数量的同时，学校主张各院系

建立监督机制，追踪教授们的工作进度和项目完成率，防止教授只求量不求质。学校和院系对研究项目管理采取两方面的审核。一是后继申请时的检查，看重申请者的研究信誉。申请者如果没有完成已申请的项目，则下次再申请其他项目时，极可能被拒绝受理。是否能获得资助是按照研究项目所提出的计划、研究内容的重要性来判断。二是聘用合同到期时的检查。在申请者聘用合同到期需要续约时，系内和院内的评审委员会会再度关注其研究项目申请次数和金额，并且与出版成果做比较，作为一项重要参考数据，决定其续聘、升等或是解雇。

3. 研究与教学并行，形成严谨的教师晋升与长聘的评审制度

香港科技大学教师的聘任和晋升由各级教授小组负责，所有级别教职的初步评核都是在学系进行。评选助理教授时结论一致可在院级决定，不一致则送交校级决定。副教授的评核在校级进行，由跨院教授小组进行终审，成员都是正教授。正教授级别的评核案例必须送交校长，校长与学术副校长讨论，酌情与校级教授小组商议。此外，香港科技大学对"永久职"的评核过程十分严谨，新聘助理教授运用一期3年的合同，在两期，即6年后才决定是否聘予永久职。在香港科技大学初期探索的曲折中，很重要的一个教训是海外引进的资深教授和本地教授薪资收入差距太大引发的争议，导致本校培养的教职员缺乏认同感和动力。有鉴于此，香港科技大学配平了教职员间的薪酬待遇，保证了学校的平稳发展。而在评审教师任用的内容上，除了对教职人员的研究项目状态进行检讨，香港科技大学也为擅长教学的教师提供了另一个轨道的上升和留校渠道——教师可以根据自身实际情况向校方申请调整研究和教学任务在个人绩效考核中所占的比例。香港科技大学这段发展的插曲可以为很多当下正努力建设高水平大学的内地高校所借鉴。很多大学为了短时间积累学术成果，运用短期的高薪合同吸引学者尤其是年轻的学者进入高校。这种片面追求科研成果的做法不仅带来高校教师"重科研轻教学"的问题，同时高校内部教师多轨并存、薪资水平不平等的局面也带来教师间的恶性竞争，导致诸多管理问题，不利于培养高校教师的共同体意识，更不利于营造大学和大学教职员共同进步的良性成长氛围。

此外，香港科技大学对教授的额外收入进行规范和限制。教授必须向学校报备自己从事的校外商业咨询活动，并避免参加和学校利益冲突的活动。在报备后，校方与聘请教授的校外机构也需签订同意书，使咨询活动合法化。香港科技大学采取了相对繁琐的程序对教授的创收活动予以限制，目的是推动教师集中主要精力在教学和研究工作上。

第九章 旧金山湾区:"高等教育—创新产业"发展案例

自20世纪70年代起,旧金山湾区就是国际著名的创新经济发展中心之一,也是世界著名的高科技研发中心之一。以创新为引领的旧金山湾区,实现了长达20年的经济持续高速增长,引起了政界和学界对以旧金山为代表的湾区经济的密切关注。诸多学者认为,旧金山湾区的经济增长奇迹在极大程度上得益于苹果、谷歌、脸书等国际高科技和互联网企业的集群行业的拉动。但究其根本,湾区天然的地理区位优势所形成的世界一流的高等教育集群体系、优良的创业生态系统和完善的风险投资机制,使得该地区集中了一批具有创新意识的企业家以及蓬勃发展的劳动力,也哺育了以高技术企业的聚集而形成的高技术产业区。

正如卡拉克·克尔(Klark Kerr)在《大学之用》中所指出的,"未来的学术高峰将是一幅以绵延的山脉为主的新图景,学术高峰将从最高的高原上升起,沿着加利福尼亚海岸,从伯克利和斯坦福到帕萨迪纳和洛杉矶,可以找到拥有36%的诺贝尔科学桂冠获得者和20%的全国科学院院士"[1]。在世界一流湾区中,旧金山湾区具有独特的经济发展模式和文化模式,更为重要的是,其世界一流的高校和研发机构集群与世界一流的科技型产业集群之间营造了知识资源共享的氛围,形成了一个高度融合的生态体系,即所谓的"互补式"发展模式。

一、旧金山湾区发展概况

旧金山湾区(San Francisco Bay Area)位于美国加州北部,包括旧金山(San Francisco)、阿拉米达(Alameda)、康特拉科斯塔(Contra Costa)、马林(Marin)、纳帕(Napa)、圣马刁(San Mateo)、圣塔克拉拉(Santa Clara)、索拉诺(Solano)、索诺玛(Sonoma)、盛华金(San Joaquin)、圣塔克鲁兹(Santa

---

[1] 卡拉克·克尔:《大学之用》,高戈、汐汐,译,北京大学出版社,2008年,第52—53页。

Cruz)、圣贝尼托（San Benito）等 12 个郡①，合称加利福尼亚州圣何塞—旧金山—奥克兰综合统计区。截至 2018 年，旧金山湾区拥有总人口 875 万②，是美国第五大人口密集都市圈，美国西部第二大都市区。

从发展历程来看，旧金山湾区共历经 4 个发展阶段。

第一阶段是在 20 世纪 20 年代前。伴随着该时期淘金浪潮的兴起，旧金山湾区人口迅速膨胀并逐渐向中心区域集聚，产业结构也从以农业为主开始转变为以加工制造业为主，但由于城市内部及对外基础交通设施的缺乏，城市之间联系相对较弱。可以说，该阶段旧金山湾区的发展路线是以旧金山为核心的单核发展。

第二阶段是 20 世纪 20 年代至"二战"时期。随着基础交通设施的改善，尤其是在巴拿马运河的通航、旧金山湾区大桥和中心城市机场等的重要项目建设开始之后，旧金山湾区的 3 个中心城市间的联系加强了，加速了区域的产业升级和转型，引导工业、制造业与商业贸易成为湾区经济的主导产业。至此，多核心发展的旧金山湾区城市群空间结构逐步显现。

第三阶段是"二战"后至 20 世纪 60 年代。"二战"结束后，旧金山湾区内核心城市的带动作用开始逐步凸显，高速公路网和城际铁路快速扩展，湾区经济随着基础交通的建设逐步向腹地延伸，带动了周边城市的发展，旧金山湾区开始展示出"三大核心，多点开花"的空间格局。在此时期，旧金山湾区的经济结构开始从制造业逐步向服务业和军事工业转型，进入新的产业发展阶段。

第四阶段是 20 世纪 60 年代至今，旧金山湾区开始迈入高新产业快速发展阶段，一是在 20 世纪 60 年代，斯坦福工业园成功创立，以微电子技术、半导体产业、软件业与互联网产业为代表的硅谷崛起；二是旧金山湾区的基础交通系统渐见雏形，城市群之间结构发展趋向稳定，正式建立了"多核多中心"的空间特征。

旧金山湾区当前的发展模式有其鲜明的特色，它并没有采用多中心齐头并进的发展模式，而是从长远布局，形成了 5 个各具自身优势且互补协调发展的功能区块，这种模式也是目前看来较为合理与理想的城市群区域布局。旧金山

---

① 根据美国行政管理和预算局的划分，旧金山湾区的统计概念一般指 San Jose-San Francisco-Oakland, CA Combined Statistical Area，比通俗意义上的湾区多了 3 个郡。

② Demographia World Urban Areas, 15th Annual Edition：201904. http://www.demographia.com/db-worldua.pdf., Bay Area Council Economic Institute.

湾区5个区块分别为旧金山市、半岛、南湾、东湾和北湾,其中旧金山市、奥克兰市和圣何塞市是3个点状的核心城市。从功能区特征上来看,旧金山作为核心城市,享有优越的区位优势,具有金融中心和服务中心的特殊功能;半岛处于南湾与旧金山的链接点,由于其特殊的地理位置,且基础交通建设完善,成为整个湾区中最为密集的居住区;南湾即世界闻名的硅谷地区,是高校密集分布区,也是重点工业和经济发展区,囊括了诸多世界知名的高新科技企业;东湾凭借天然靠海的位置,形成湾区最大的港口;北湾则因为其良好的环境而发展成为著名的休闲度假区和休闲养老区。综合来看,旧金山湾区的5个功能区块的形成既缘于其自身独特的地理位置和资源优势,也有政府合理布局,避免区域间同质竞争,引导区域协调发展的功劳。

二、世界级一流高等教育集群

旧金山湾区最引人注目,也是其重要成功经验之处,就是以斯坦福大学、加州理工学院为代表的世界级的高等教育集群。从某种意义上说,旧金山湾区的今天,恰是得益于湾区内诸多一流高校多年来源源不断的人才供给和高新科技的成果拓展,而这也正是世界级湾区努力的方向。事实上,旧金山湾区高等教育发展归功于早年的两个政策规划:一是1860年的《莫里尔法案》(Morrill Act),它赋予加利福尼亚州政府规划州内高等教育体系的权利;二是20世纪60年代的《加利福尼亚高等教育总体规划》(Master Plan for Higher Education in California 1960—1975),该规划的出台正式确定了加州,尤其是旧金山湾区高等教育的发展方向。本部分将对旧金山湾区的高等教育集群状况进行梳理。事实上,加利福尼亚州高等教育的高水平建设经验,一直以来都是学界研究的重点。

1. 旧金山湾区高等教育现状

旧金山湾区的高等教育是在加利福尼亚州高等教育体系一规划框架之下发展起来的,它与整个加利福尼亚州的高等教育具有相同的特性。加州地区高等教育体系分为公立和私立两大板块,二者相互支撑且协同发展,共同构成地区高等教育集群的重要支柱。

目前,加州地区公立高等教育体系包含240所高校,分为三个层次,即加州大学、加州州立大学和加州社区学院①（图9-1）。在这三层结构中，院校数量与在校学生数自上而下呈现"金字塔"形状。金字塔的最高层级，是以加州伯克利大学及其分校为代表的加州大学系统，这一层级包含了10所高校和24万名在校生。由于这一层级的大学在世界排名靠前，拥有优秀的生源，因此其目标是为州内或全美培养发展需要的顶尖人才或高层次人才。金字塔的第二层级，是由以加州州立东湾大学、加州州立长滩大学为代表的23所高校构成的加州州立大学系统。该层级的院校是以本科教育为主，其目标是培养区域性经济发展的中坚人才。金字塔的第三层级，是由以伯克利城市学院为代表的115所高校构成的加州社区学院系统。该层级以初等教育和职业教育培养为主，主要培养满足大众日常需求的专业技术人才，这也符合政府专项技术人才培养计划②。

加州地区公立高等教育体系非常有特色的是，三个层级之间保持着竞争与合作的关系。由于加州大学系统、加州州立大学系统和加州社区学院系统三个层级在学生培养上分别侧重于研究生、本科生和专科生等不同层次，因此在优秀生源的竞争性选拔和普遍生源入学公平性选拔上有着一定的规定，即实行择优入学标准，且学生在不同层级间可以流动。例如，州公立中学毕业排名在前12.5%和前33.3%的学生分别拥有报读前两个层级大学的资格；一些符合特别规定的学生也可拥有优先权转入上一层级的高等教育院校③。

除了加州公立大学高等教育体系，加州地区还拥有由128所高校组成的私立高等教育体系。这个教育体系以斯坦福大学和加州理工学院等院校为首，走在教育改革和科技研发的前沿。这些院校凭借实施精英教育、小众教育和创新教育等先进的教育理念而成功跻身于世界一流名校行列，使得加州地区私立高等教育可以与公立教育相抗衡。

---

① 雷敏：《分层视野下的高等教育体系——以美国加州大学系统为例》，载《高教探索》，2007年第3期。

② 李威、查自立：《美国加州地区高等教育公共治理结构的特征研究》，载《现代教育科学》，2016年第1期。

③ 山东大学发展规划部："功能分成：美国加州高等教育中规划的借鉴"，2010年5月。

第九章 旧金山湾区:"高等教育—创新产业"发展案例

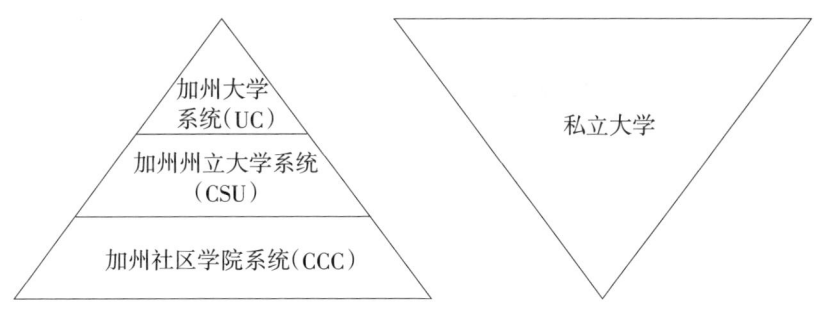

图 9-1 加州地区高等教育体系图

数据来源:加州州立大学系统,加州大学系统及加州社区学院系统官网,各大私立高校官网简介及年报。

由于加州地区第一层级的公立和私立院校基本位于旧金山湾区,它们在旧金山湾区的发展中起着至关重要的作用。公立高等教育体系中,以加州大学伯克利分校、旧金山分校为引领的加州大学系统院校集中分布在旧金山湾区海岸线一带与北湾,而以斯坦福大学为引领的加州私立高等教育院校则广泛密集地分布在旧金山湾区的南湾一带。在 2019 年泰晤士高等教育世界大学排名中,旧金山湾区有 2 所高校(斯坦福大学和加州理工学院)进入世界前 10 位;有 6 所高校进入世界前 60 位,其中加州大学伯克利分校排名第 15 位(表 9-1)。除了排名靠前之外,旧金山湾区的这些高校均有鲜明的办学特色。例如,斯坦福大学是典型的应用研究类大学,也是现代意义上"创新型"大学的创始者,正是因为其对高新科技研发和成果转化格外重视,孵化了许多高新技术公司,才造就了今日的硅谷。加州大学伯克利分校则是典型的世界级研究型大学,也是旧金山湾区老牌高等院校,为旧金山湾区发展培养了许多创新型的专业人才。

表 9-1 旧金山湾区一流高校排名状况

大学名称	美国大学排名	泰晤士排名
斯坦福大学	7	3
加州大学伯克利分校 UC	22	15
加州理工学院	12	5
加州大学圣地亚哥分校 UC	41	30
加州大学圣塔芭芭拉分校 UC	30	52
加州大学戴维斯分校 UC	38	59

数据来源:2019 泰晤士高等教育世界大学排名,2019 U. S. News。

2. 旧金山湾区高等教育集群的模式

旧金山湾区高等教育院校之所以被称为高等教育集群，主要是因为这些院校的布局与发展已经远远超越了在地理位置上集聚的层面。这个教育集群体现在两个方面：一是在两个高等教育体系（公立和私立）内部，以及两个体系之间已经形成了结构上的紧密合作；二是旧金山湾区内部已形成了跨区域、跨行业、跨领域的高等教育研发网络和高等教育知识网络，并产生了跨区域的高等教育集群效应。事实上，这种集群式发展也正是旧金山湾区独特的高新经济发展的驱动模式。在漫长的发展之中，由于历史的特殊性和行业规划的原因，旧金山湾区高等教育集群在近百年的发展中逐步形成了三个发展模式。

模式一：分层次的多校区大学（multi-campus university）

旧金山湾区高校集群模式首先体现在分层次的多校区大学建设上。旧金山湾区中加州大学系统、加州州立大学系统和加州社区学院系统三个不同类型的大学系统，均采用多校区建设的方法进行校区扩张，从而实现院校在横向和纵向上的资源优化共享，保证了整个多校园大学系统的有机整体，并在一定程度上确保了资源配置的高效和有效性，在运行模式上实现规模经济所带来的利益。为保证主校区与各大分校区之间较高的教育质量和统一的教育方向，同一大学（包括分校）拥有共同法人地位和董事会，统一决定学校中长期规划。但主校区与分校区也进行适当的分级管理，每个分校拥有独立的校长或总管，独立处理分校内部事务和日常管理运行事务。

多校区大学具有一个非常明显的集群优势，这是单一校区大学所不具备的，即可以在最大程度上实现系统内资源共享和资源合理分配。多校区大学因为是诸多单一校区大学的集合，因此在师资、图书、资金等诸多资源上拥有绝对量的优势，但是由于其隶属于同一董事会，且采用较为一致的管理模式，因此避免了单一校区大学之间在资源共享上的制度障碍。不同校区之间会保证一定的资源流动性，在维持各自优势和竞争力的同时，也在其他资源优化共享上努力。例如，高层级的院校为了帮助和促进分校区的快速发展，提升院校的整体质量，会不定期地让优秀的教师资源在主校区和分校区之间流动。

模式二：分层次的公立高等教育体系

正如前文所言，旧金山湾区的公立高等教育体系采用的是"金字塔"形的三层级结构，即加州大学系统、加州州立大学系统和加州社区学院系统。在管理上,每个系统均拥有各自统一的管理组织,分别为加利福尼亚大学董事会、加州州立大学董事会、加州社区学院联合会。每个层级均在对应的董事会/联合会管理系统下独立运作,而加州高等教育协调委员会则旨在协调不同系统之间的事务。

旧金山湾区公立高等教育的三个系统内部基本均由同类型大学构成,在教育目标、教育重点、教育方向等问题上基本保持一致,具备明显的组织趋同性。同类型大学之间在教学、科研等方面有非常多的共同点,这也为资源共享提供了基础和条件。在统一的管理体系框架之下,同层次高校会保持一致的发展目标,这也进一步增加了院校合作的必要性。基于此,同一系统内的高校往往会在教学和研究的基础设施上选择共享,且保持频繁的学术交流和科研成果交流,从而最大程度上降低运行和研发成本,高效实现质的突破。可以说,分层次的公立高等教育体系,保障了同一层次高校之间的资源共享和深层次合作,这是一种横向院校之间的资源共享,它与多校区大学的纵向资源共享,促进了旧金山湾区高校之间的深入融合。

模式三:高等教育战略联盟机制

高等教育战略联盟机制是指在不同研究团队、不同院校或不同大学之间通过正式或非正式的方式所形成的战略性联盟机制,旨在通过合作方式来实现优势互补和资源共享,从而促进学术交流、提高教学研究质量和提升高校核心竞争力。高等教育战略联盟可以是一定区域内的高校之间的联盟,也可以是跨区域或是跨国高校之间的联盟。

目前,旧金山湾区内的高校已形成了稳定的高校合作联盟机制。这些高校联盟机制主要通过两种方式合作:一是联盟院校间实行学分互换和学历互认;二是联盟院校间可以根据研究领域来建立学术交流合作平台。通过这两种方式,高校战略联盟间实现从优越的教学资源共享到更深入的高精尖的科研技术合作,包括与校外的高科技公司之间建立知识共享。例如,高校资源共享的一个典型代表——美国加州数字图书馆(California Digital Library,CDL),是通过先进技术和互联网,向加州大学伯克利分校、戴维斯分校等在内的 10 所分校图书馆及周边社区提供研究型图书供给服务[①]。

[①] 刘宁:《美国加州数字化图书馆的运行模式及经验探讨》,载《情报杂志》,2002 年第 11 期。

三、高等教育集群与产业集群的互动发展

旧金山湾区之所以能产生巨大的经济效应和始终保持世界领先地位，在极大程度上得益于其高等教育与产业之间的密切互动。高等教育机构一直承担着人才培养和科学研发两项重要使命，人才培养和科学研发也是产业发展所迫切需要的两个重要资源。但在过去，高等教育机构与企业/产业之间的关系并不紧密。旧金山湾区的发展是将高等教育与产业的发展有机结合起来，即强调高校要培养行业发展所需要的人才，以及基础研发要与应用研发结合起来，并强调将知识创新的实用性和社会性价值相统一。

旧金山湾区的发展，尤其是高新技术代表硅谷的崛起，基本上是依托于早期湾区内的高等院校。硅谷崛起主要归功于两点：一是因为以斯坦福大学、加州大学为代表的一批高等院校计算机科学的学科发展具有突出的优势，它们培养了一大批优秀的技术人才，也有一大批世界领先的计算机技术成果；二是以斯坦福大学为代表的一批大学开始转型为创业型大学，它们重视应用型研发，并重点建设校区科技园区和孵化基地，加速科技成果的转化。这些使该区域在计算机和信息产业方面得以快速蓬勃发展。旧金山湾区在这一时期主要是通过高校优势学科带动产业的转型和升级。

在后来的不断磨合发展中，旧金山湾区的高等教育机构与行业之间已经逐步形成良性的动态互动。一方面，高等院校在保持自身学科优势的基础上，也根据行业发展和产业结构调整的变化来不断调整专业设置，以期培养出更适合区域性发展需要的紧迫人才。例如，近年来诸多院校纷纷增加创业和创新课程，以适应硅谷内高涨的全民创新浪潮；另一方面，高等院校也积极开展与企业的人才培养合作，以订单模式开设专项人才培养的中短期培训课程，或以公开课形式向企业教授特定的大学课程。从某种意义上说，旧金山湾区的高等院校已逐步打破其象牙塔的刻板形象，走向市场化和社会化，将自身融于区域社会经济发展大局中，极大地发挥自身在区域发展中的推动作用。

在科技成果转化方面，旧金山湾区的高等教育院校重视科技研发，尤其是应用型研发。高校凭借其独立的地理空间、自由的研究环境、优越的资金和政策支持来加速高精尖类科技成果的研发（例如斯坦福大学科技园）。高校也纷纷开设校办创业中心，鼓励和扶持校内拥有创新技术的优秀人才创立自己的高

科技公司，通过一定的股份持有来加大对有潜力的中小型公司的资金支持，促进科技成果的转化和应用（例如惠普公司、雅虎公司）。但是由于旧金山湾区的产业发展是以微电子、互联网等为主，而并非传统的制造业，此类行业对于人才和科技成果的需求远远超过了对地理空间、基础交通等传统行业发展要素的需求，因此基于靠近核心资源和减少研发成本的考量，旧金山湾区的行业发展中心也逐步转移到高等教育机构建设的科技园区内。

事实上，旧金山湾区内并非是高等教育与产业之间的互动，而是两个巨大的集群体系之间的互动，且在这种协调互动中形成了一个更为庞大的"知识 - 产业"生态圈。该生态圈依托于一流大学优势学科的发展和高等教育特色，实现了要素的自由流动、先进的技术转化支撑、强大的高校与企业资金支持以及有效的政府保障。

第十章 纽约湾区:"区域规划—高等教育"发展案例

纽约湾区通过资本、人才和技术的集聚,已发展成为全球贸易和金融中心,纽约成为美国的"经济中枢",而曼哈顿则被誉为世界级的"金融心脏"。纽约湾区之所以能成为世界一流湾区,很大程度上得益于其颇有长期战略眼光的跨区域的城市规划部署。纽约湾区的高等教育有以常春藤盟校、新常春藤盟校、小常春藤盟校为代表的世界顶尖或美国一流的高水平大学,以"扎堆式"发展的模式,将纽约湾区打造成世界所有湾区里世界一流大学聚集数量最多的湾区。

与旧金山湾区不同,美国政府和主流媒体并没有把纽约湾区(New York Bay Area)作为固定概念使用,纽约湾地区(New York Bay)仅仅作为一个地理概念特指哈德逊河(Hudson River)在新泽西和纽约市的入海口的海域部分。本章节中主要使用纽约—新泽西—康涅狄格—宾夕法尼亚都市圈的概念①来界定纽约湾区的范围,即包含由纽约州、康涅狄格州和新泽西州等31个地区联合组成,面积为33 484平方千米。纽约湾区是美国人口最密集的城市群,也是世界经济最重要的区域之一。图10-1所示为纽约湾区GDP以及其占全美GDP的比重。

---

① 与旧金山湾区概念相匹配的是纽约—新泽西—康涅狄格—宾夕法尼亚都市圈(New York-Newark, NY-NJ-CT-PA Combined Statistical Area),包含纽约—泽西市—白原,纽约—新泽西都市区(New York-Jersey City-White Plains, NY-NJ Metropolitan Division)的14个郡,纳苏郡—苏福克郡,纽约都市区(Nassau County-Suffolk County, NY Metropolitan Division)的2个郡,达其斯郡—普特南郡,纽约都市区(Dutchess County-Putnam County, NY Metropolitan Division)的2个郡,纽华,新泽西—宾夕法尼亚都市区(Newark, NJ-PA Metropolitan Division)的7个郡,布里奇波特—斯塔姆福特—诺沃克,康涅狄格都市统计区(Bridgeport-Stamford-Norwalk, CT Metropolitan Statistical Area)的1个郡,纽黑文—米尔福特,康涅狄格都市统计区(New Haven-Milford, CT Metropolitan Statistical Area)的1个郡,艾伦顿—伯利恒—伊斯顿都市统计区(Allentown-Bethlehem-Easton Metropolitan Statistical Area)的4个郡,特伦顿,新泽西都市统计区(Trenton, NJ Metropolitan Statistical Area)的1个郡,托灵顿,康涅狄格都市统计区(Torrington, CT Metropolitan Statistical Area)的1个郡,金斯顿,纽约都市统计区(Kingston, NY Metropolitan Statistical Area)的1个郡以及东斯特拉斯堡,宾夕法尼亚都市统计区(East Stroudsburg, PA Metropolitan Statistical Area)的1个郡。

第十章 纽约湾区:"区域规划—高等教育"发展案例

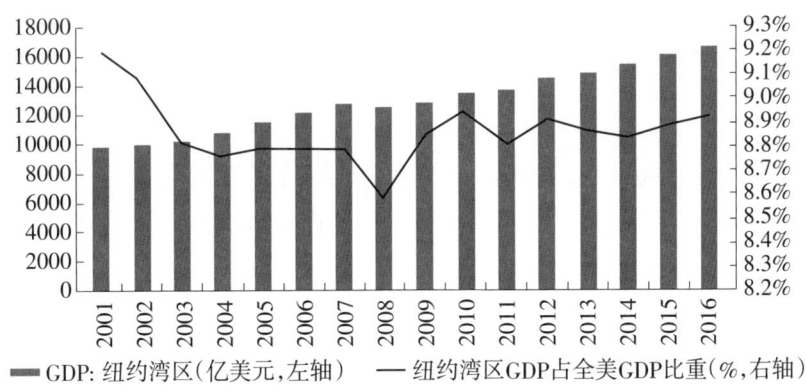

图 10-1 纽约湾区 GDP 及其占全美 GDP 的比重

数据来源:WIND 资讯。

迄今为止,纽约湾区共历经了三个发展阶段。第一阶段是在 20 世纪 50 年代以前,纽约湾区正处于工业化时期,是工业第一、服务业第二和农业第三的经济结构,而其工业主要是以钢铁、煤炭等重工业为核心。此阶段,纽约湾区的交通也以纽约为中心,开始向外延伸建设同城铁路和城际铁路,呈现放射状分布,使纽约与诸多城市联系紧密,但其他城市之间则大多孤立且分散。因此,纽约湾区是以纽约为中心的单核发展模式。第二阶段是 20 世纪 50 年代到 70 年代,纽约湾区抓住科技革命兴起的契机,大力扶持高新技术产业,同时,通过进一步完善交通网络来实现不同城市之间的道路对接,并通过落后产业转移的方式来完成湾区内的整体产业升级,初步形成了以纽约为中心,且分层次的产业发展模式。第三阶段是 20 世纪 70 年代至今,纽约湾区成功完成了从制造业向知识密集型产业的升级,重点发展金融、保险和贸易等领域,而周边城市也成功对接了纽约中心向外转移的制造业,并在以纽约为核心的反射网络状交通系统下,呈现出单核多中心的发展模式。至此,纽约成为伦敦之后第二个全球金融中心,而以纽约为中心的纽约湾区成为世界一流湾区的地位也正式确立。

目前,纽约湾区是多家世界知名银行的总部所在地,纽交所(The New York Stock Exchange)、纳斯达克(Nasdaq)、美交所(AMEX)、摩根士丹利(Morgan Stanley)等数千家金融、证券、期货、保险和外贸机构均设于此。其中,格林威治小镇由于优惠的税收政策、发达的交通和教育等区位优势吸引了 500 多家对冲基金机构在此落户,成为著名的对冲基金特色小镇。纽约湾区借助其发达的金融业产业优势,也孕育了众多全球创新发展的科技企业。

一、跨区域的城市规划部署

纽约湾区之所以能成为世界一流湾区,很大程度上得益于其颇有长期战略眼光的跨区域的城市规划部署。早期的纽约湾区发展是立足于纽约这个城市,但其后期的发展和辐射范围则远远超过了纽约市甚至纽约州的政府管辖范围。如何在对外发展和扩展的过程中,解决跨区域、可持续发展,已然成为当地政府面临的重要问题之一,否则湾区发展必然面临管辖盲区和治理抵消等潜在风险。对此,纽约湾区创立了纽约湾区规划协会(Regional Plan Association,RPA)和纽约港务局两个基础的跨区域机构,将纽约湾区的发展纳入统一的规划中来。纽约湾区规划协会隶属于罗素·赛奇基金会(Russell Sage Foundation),属于非政府性质的探索新知的区域规划机构,而纽约港务局则属于财政自给的政府性机构,二者对于纽约湾区的城市规划均提供了互补性的发展规划方案(表10-1)。

表10-1 纽约湾区城市与规划历程

城市发展时期	城市发展特征	城市与规划历程
1868—1923年 城市化发展阶段	工业革命 人口增加 环境恶化 城市膨胀 住房紧张	纽约港务局规划(1921):铁路运输、综合规划
1923—1995年 城市化减速阶段	结构混乱 功能集中 城市蔓延	第一次区域规划(1921—1929):再中心化、区域规划、开放空间、卫星城、功能疏散与聚集、交通
		第二次区域规划(1968):再聚集、住房、旧城、郊区化、区域地景、交通
1995—2002年 城市发展新阶段	中心衰败 环境恶化 公平问题 基础设施老化 工业衰退	第三次区域规划(1996):公平、环境、区域可持续发展
		区域交通规划(2000—2020):解决纽约区域与世界级区域各地区之间的交通
		第四次区域规划(2017):气候变化、经济机会下滑

数据来源:https://www.rpa.org/regions/new-york.

迄今为止，纽约湾区规划协会共出台了4个具有历史影响意义的规划方案，每次都针对当时纽约湾区发展面临的问题，提出了相对应的发展目标和具体可行的发展规划方案（表10-2）。芒福德（Lewis Mumford）曾指出区域是解决大城市发展问题较为合适的空间平台，也是适应社会风险、自然风险、经济危机的重要手段和工具，因此，区域规划应当采取一种进步的适应社会变化的方法。

表10-2 纽约湾区规划协会四次区域规划方案

	第一次区域规划方案	第二次区域规划方案	第三次区域规划方案	第四次区域规划方案
时间	1929	1968	1996	2017
背景	第一次世界大战后，城市爆炸式增长	第二次世界大战后再度繁荣	可持续发展，精明增长理念引领发展	区域抵抗自然灾害的可恢复能力差
问题	地方性政府限制经济增长	公共交通规划未实施；土地消费量剧增；交通通勤；社会隔离；公共设施缺乏；城乡缺乏自然联系	世界地位动摇；大规模失业；区域投资减少；社会问题、环境问题；郊区化加剧；公共交通	生活成本增加；基础设施衰败；环境危险；管理缺乏；大多数人机会有限
目标	重构区域秩序、提供区域范围内更多的机会；建设世界最大、最具活力和丰富多样的大都市地区之一	控制蔓延，加强对基础设施和中心区的投资；复兴市区；解决环境退化、旧中心区衰退等问题	保持集中全球资本的能力；保持国际金融中心的地位	培育更多具有经济性的和可持续性的社区；经济性、包容性和宜居住的发展，应对气候等灾害
核心	再中心化	再集中	重建3E	区域转型
措施	制定区划；建立开放空间；加强交通建设；集中与疏散；放弃高层建筑；建设公共空间；预留机场用地；细化设计；减少财产税；建设卫星城	建立新的城市中心；塑造多样化住宅；改善老城区服务设施；保护城市未开发地区生态景观；实施公共交通运输规划	增加植被；建设中心；增加机动性；重视劳动力；增强管理	增加收入，减少贫困；扩大住房选择；复兴城市中心区；增加公共需求税收；社会福利；公共基础设施建设；重建、抵制、保留、恢复、撤退
范围	22个县，5528平方英里	23个县，12 750平方英里	31个县，800个城镇，2000万居民，面积13 000平方英里	31个县，783个城镇，2300万居民，面积13 000平方英里

续表 10-2

	第一次区域规划方案	第二次区域规划方案	第三次区域规划方案	第四次区域规划方案
影响	奠定区域发展物质框架基础；成立重要的新机构；世界上首次大都市区与综合性、长期性规划，影响国外区域规划工作	奠定1980年代纽约区域的再发展；拓展公众参与概念；为了共同利益，促进不同部门、机构之间的合作	重视规划可行性；呼吁政府与企业之间、地方与地区之间进行利益协调，重新审视了"财富"的含义	强调人的重要性；规划参与的多元化；推进规划编制和政府治理改革；首次应对气候等灾害，从区域层面提出策略

数据来源：武廷海、高元：《第四次纽约大都市地区规划及其启示》，载《国际城市规划》，2016年第6期，第96-103页。

1929 年，纽约湾区规划协会颁布了《纽约及其周边地区的区域规划》（*Regional Plan of New York and Its Environs*）方案，这也是世界历史上第一个有关于大都市区的全面规划。该方案提出用跨越行政边界的方式来共同建设城市社区，规划范围包括 22 个县，5528 平方英里，涉及内容主要包括经济、交通和公共空间。此次区域规划的核心词为"再中心化"，主要是为了应对 19 世纪中期后此区域城市的爆炸式增长态势，而城市和空间的发展却远远落后于经济增速的问题。对此，第一次区域规划提议通过建立开放空间（用来吸引白领阶层）、加强交通建设（环路系统）、预留机场用地等十项政策来塑造新的经济和社会发展中心，以减轻纽约市的发展压力，从而增加整个区域发展动力。

1968 年，纽约湾区规划协会颁布了以"再集中"为核心的第二个区域规划方案，通过集中就业、恢复区域性公共交通体系的方式来解决纽约湾区在工业化后期出现的老城区中心空心化和衰落问题。在该段时间内，以公路建设为先导，低密度的郊区在纽约大都市区迅速蔓延，形成了一种典型的美国式的发展，RPA 称之为"铺开的城市"（spread city），这对交通、公共服务的提供增加了较大的运行成本，并会危害长期的经济发展。对此，该区域规划提出了建立新的城市中心（集中公共服务提供）、塑造多样化住宅、改善老城区服务设施、保护城市未开发地区生态景观和实施公共交通运输规划 5 项措施。

1996 年，纽约湾区规划协会颁布了第三次区域规划方案《危机挑战区域发展》（*A Region at Risk*），这主要是在纽约都市圈遭受外部全球竞争、内部社会环境问题恶化和区域发展停滞等多重挑战下展开的，以期望纽约大都市区可以保持集中全球资本的能力，以维持其国际金融中心的地位。此阶段，RPA 认为

3E——经济（economy）、环境（environment）、公平（equity）是一个区域是否拥有国内和国际竞争力的核心要素，因此第三次区域规划的基本目标就是希望通过政策调整来吸引投资，以全面建设"3E"，并提出了5项工作重点——增加植被、建设中心、增加机动性、重视劳动力和增强管理（greensward, centers, mobility, workforce and governance），并强调形成高效的交通网络的重要性，以期重塑区域的经济和活力。

2014年，纽约湾区规划协会公布了一项关于纽约湾区的评估报告——《脆弱的成功》，指出纽约地区建设取得了一定的进展，但依然面临严峻的新的问题和威胁：各州政府之间政策决策脱节，多数工薪阶层工资未明显增长，区域气候变化和科技发展瓶颈等。这些都是迫切需要得到解决的问题。2017年底，RPA发布了第四次规划《共同区域建设》，提出了"经济、包容性和宜居性"的发展目标，重申以人为本的发展需要，集中解决居民在住房、通勤、气候及可持续生活上遇到的障碍。此次区域性的规划重点为"区域转型"，确定了"经济机会、宜居性、可持续性、治理和财政"四方面议题，旨在创造就业，改善商业环境，促进经济增长，减少家庭的住房开支，解决贫穷，为居民提供更加富裕的生活和更多、更便利的社会服务设施（交通、教育）。

与城市规划相匹配的是，纽约湾区在交通建设上也做了跨区域协调发展的长期规划。1921年，美国专门成立了跨州合作机构纽约港务局（Port of New York Authority），这是得到州立法授权的跨州准政府机构，财政上自给自足，主要目的是解决纽约城市化发展中所面临的交通压力，完善基础交通和海港建设。纽约港务局的主要责任是协调港区发展中面临的交通问题，出台有关港区发展的总体规划，甚至早于纽约湾区RPA的第一个区域发展规划。1972年，港务局正式定名为"纽约和新泽西港务局"，接受两个州的财政拨款，从财政上保证了其协调区域发展的能力。与纽约港务局并列的另一个协调机构为大都会运输署（Metropolitan Transportation Authority），简称MTA，是纽约市公共交通的管理机构，成立于1967年，管辖着约4000平方英里的大纽约地区：纽约市五大区、纽约州12个县、新泽西州和康涅狄格州的部分地区。该机构拥有并管理纽约地铁、巴士及渡轮等公共交通，其辖下单位包括纽约市公共运输局、大都会北方铁路、长岛铁路、长岛巴士公司、桥梁暨隧道管理局以及大都会运输署公车公司。

纽约湾区重要的发展经验是将纽约大都市区整体城市竞争力的提升作为重点，将其规划的目标从单纯的追求经济增长调整为多维度的均衡协调发展，尤其是在第三次和第四次区域规划中，重点体现了经济、社会与环境共同发展的理念，将与人类发展有关的经济、政治、社会、文化、生态环境等因素都纳入区域发展框架之中。武廷海、高元指出："区域发展需要解决一定区域范围内两个维度的问题，即城市土地空间的水平维度和城市增长的垂直维度。城市土地空间的水平维度应协调人口、土地、经济的发展关系；城市增长的垂直维度应该认清区域以及大城市的发展规律，在（经济）全球化影响下辨明外界变化和发展的不确定性，依赖社会改良和政府干预，提出相应的政策和计划"。[①] 纽约湾区的历次区域规划，正是将湾区的水平和垂直两个维度的发展有机结合起来，也是将其短期发展目标和长期发展定位高度融合起来，形成了可持续的湾区经济发展模式。

二、多中心的大学集群模式

纽约湾区具有显著的地理区位优势，位于美国经济的核心地带，同时也是美国东北部大西洋沿岸城市群经济发展中心位置，各大城市间发展相对均衡，社会、文化和经济交流都较为频繁。因此，造就了纽约湾区的高等教育集群"扎堆式"发展态势，从波士顿到华盛顿，纽约湾区形成了由北至南呈带状分布的大学集群结构，囊括了历史悠久的常春藤盟校、新常春藤盟校、小常春藤盟校等在内的世界顶尖或美国一流的高水平大学。可以说，纽约湾区是世界级湾区中世界一流大学聚集数量最多的湾区。

常春藤盟校是由美国 8 所私立大学组成的美国一流大学联盟，也是美国产生罗德奖学金最多的大学联盟，纽约湾区是该联盟重要分布地，拥有其中 5 所名校：位于纽约州的哥伦比亚大学、康奈尔大学，周边城市的普林斯顿大学、耶鲁大学、哈佛大学。在世界大学学术（ARWV）排名中，新泽西州的普林斯顿大学排名世界第 6 位，纽约州的哥伦比亚大学排名第 8 位，纽约州的康奈尔大学和康涅狄格州的耶鲁大学排名并列第 12 位（表 10-3）。除 8 所常春藤院校外，著名教育研究机构 Kaplan-Newsweek 在 2007 年提出了 25 所具有同等科研

[①] 武廷海、高元：《第四次纽约大都市地区规划及其启示》，载《国际城市规划》，2016 年第 6 期，第 96-103 页。

和教育水平的美国精英大学,被称为"新常春藤",其中有 8 所位于纽约湾区:伦勒斯理工学院(Rensselaer Polytechnic Institute)、罗切斯特大学(University of Rochester)、科尔盖特大学(Colgate University)、斯基德莫尔学院(Skidmore College)、波士顿学院(Boston College)、塔夫斯大学(Tufts University)、富兰克林欧林工程学院(Olin College of Engineering)、里德大学(Reed University)。除此之外,纽约湾区也拥有由三小强演变而来的小常春藤盟校。该盟校是由美国学术优异、国际声望高的私立文理学院组成的联盟,主要包括:阿默斯特学院、明德大学、贝茨学院、斯沃斯莫尔学院、鲍登学院、三一学院、科尔盖特大学、塔夫斯大学、康涅狄格学院、瓦萨学院、科尔比学院、维思学院、汉密尔顿学院、威廉姆斯学院和哈弗佛德学院,其主要分布在以纽约湾区为中心的纽约州、马萨诸塞州、康涅狄格州、宾夕法尼亚州、缅因州和佛蒙特州。

表 10-3 纽约湾区主要大学综合实力排名

校 名	QS 排名	ARWU 排名
哥伦比亚大学	16	8
康奈尔大学	14	12
普林斯顿大学	13	6
耶鲁大学	15	12
纽约大学	43	32
洛克菲勒大学	无	30
雪城大学	551~560	601~700
纽约州立大学布法罗分校	313	301~400
纽约州立大学石溪分校	349	301~400

数据来源:QS 世界大学排名网站和 2013 年上海交通大学世界大学学术排名(ARWU)。

总体而言,纽约湾区高等教育体系以纽约为中心向外辐射,在大湾区周边更有马萨诸塞州的哈佛大学、麻省理工学院等联手组成了美国东部沿海的大学集群脉络,最终形成了多中心的带状大学集群模式。从办学层次上看,既有处于金字塔尖的世界顶尖大学,有国内一流的大学集群,同时也有州内市内的高水平大学集群。从办学类型上看,既有哥伦比亚大学、普林斯顿大学、耶鲁大学等综合型大学集群,也有麻省理工学院、纽约理工大学等以理工科见长的大学集群,还有由茱莉亚音乐学院等顶尖艺术学院组成的大学集群。从办学体制上看，有实力雄厚的私立大学集群，也有功能齐全的公立大学组成的大学集群。从就读专业上看，纽约湾区的耶鲁大学、普林斯顿大学、哥伦比亚大学、纽约大学、罗特格斯州立大学、石溪大学和霍夫斯特拉大学的毕业生多分布在商学、金融会计、人文社会科学等领域，基本符合纽约湾区以金融业、教育与健康产业、贸易交通和公共工程产业为特色的产业结构。

三、高等教育发展与产业布局

纽约市及邻近的港口城市如波士顿、费城等，是美国工业化最早、城市化水平最高、经济最为发达的地区，湾区内各城市产业结构呈现多元化和互补的格局。为积极调整产业结构、促进地区经济发展，以及充分考虑湾区拥有的丰富的教育资源，纽约湾区曾陆续出台一系列建设性的发展政策与落地措施。

首先，纽约湾区对日益衰退的第二产业进行了深度改造，集中发展小型制造业和高科技产业。与技术密集型的大企业相比，中小企业能够提供更多就业岗位，同时能恢复和巩固纽约市经济结构多样性的传统优势，保持其经济活力。纽约湾区利用其都市圈内高等院校、研究机构众多的研发资源优势，通过税收减免、完善基础设施等一系列举措吸引中小企业，以打造高科技核心产业，适应后工业时代经济社会发展的新趋势。

第二，纽约强化了区域经济发展战略，加强与湾区内费城、波士顿等大都市的经济联系。通过明确的分工协作和合理的功能定位，纽约湾区布局城市间多元化和互补性的产业结构，充分发挥纽约大都市的整体优势，布局有序的、差异的产业结构层，加快湾区的复兴步伐。

第三，发展外向型服务业等第三产业部门。1969—2000年，纽约湾区生产性服务业就业人数从95万人增长至203万人，就业人口比重从25%升至62%，生产性服务业的增加值也已涨到全部服务业增加值总量的50%以上。强大的生产性服务业及其国际化导向是1970年代后期纽约经济高速发展的关键，纽约市的国际金融中心、贸易中心的地位得以保持并强化。经过5年左右的调整，1980年底纽约湾区的经济破茧重生，回到了正常的发展轨道，同时金融中心的地位得以进一步巩固。

纽约湾区的产业结构是一个集群系统，包括诸多子集群：第一个集群是以金融业为引领的高端生产性服务业，带动各种实体经济的发展；第二个集群是

第十章 纽约湾区:"区域规划—高等教育"发展案例

以高端人才为支撑的创意产业,包括广告业、娱乐业、传媒业、文化产业、艺术品收藏等,还有为大规模高端人口聚集提供各种各样服务的产业集群,包括旅游、餐饮、商贸等。这样一个富有活力的经济结构,加上朝气蓬勃的多元化人才结构,形成整个纽约湾区活力四射、影响力巨大的大都市经济。这也是纽约湾区发展中高等教育在输出人才方面做出的重要贡献。

在产业发展特色方面,纽约湾区以金融为最主要的发展特色,通过精准的产业定位和配置全球金融资源,成为著名的"金融湾区"。纽约证券交易所拥有全球最大的上市公司总市值,全球市值约为 15 万亿美元。2018 年,在美国 500 强企业中,有 65 家企业位于纽约。纽约州有 13 个产业集群,主要包括计算机硬件与电子、工业机器与系统、交通设备、生物医药、材料加工、光学与成像、软件、食品加工、金融服务、通信与传媒、金融与保险服务业等。从金融市场、金融机构再到辅助机构金融咨询公司等,每个金融相关行业在周边都能很方便地寻找到。不可否认的是,湾区内云集的高校,以及其金融、经济相关优势学科发展,为金融人才储备做出了重要贡献。表 10-4 所示为 2018 年总部位于纽约的财富 500 强企业前十位。

表 10-4 2018 年总部位于纽约的财富 500 强企业前十位　　单位:百万美元

排名	公司名称	营业额	利润
6	麦克森公司(Mckesson)	198 533	5070
16	威瑞森电信(Verizon Communications)	126 034	30 101
20	摩根大通公司(JPMorgan Chase & Co.)	113 899	24 441
32	花旗集团(Citigroup)	87 966	-6 798
34	国际商业机器公司(International Business Machines)	79 139	5735
43	大都会人寿保险公司(MetLife)	66 153	4010
45	百事公司(PepsiCo)	63 525	4857
57	辉瑞制药有限公司(Pfizer)	52 546	21 308
60	美国国际集团(American International Group)	49 520	-6084
67	摩根士丹利(Morgan Stanley)	43 642	6111

资料来源:http://www.fortunechina.com/fortune500/c/2018-05/21/content_307155.htm.

第十一章 东京湾区："高等教育—经济结构"发展案例

东京湾区位于日本的东南侧，是依托于东京湾①发展起来的日本典型的大都市圈，包括东京都、埼玉县、千叶县、神奈川县等一都三县。相比其他湾区，东京湾区面积较小，总面积仅有3.68万平方千米，但该湾区是日本人口最为密集的地区，承载约4350万人口（约占全国总人口的35%）。2018年，东京湾区GDP为1.86万亿美元，占日本全国的35.2%。2017年《财富》杂志评选出的世界500强企业榜单中，位于东京湾区的世界500强企业数量达到38家，占世界四大湾区500强企业总数的39%。由于东京湾区承载着庞大的就业总人数、拥有众多的企业数量，还有突出的经济贡献，其在日本的地位非常重要，是世界城市发展史上的奇迹。

东京湾区的发展奇迹，离不开其得天独厚的自然条件和政府前瞻性的"首都圈"发展规划。东京湾区位于日本关东平原南部，毗邻太平洋，主要由房总半岛和三浦半岛组成，面积约1320平方千米，拥有一个纵深80余千米的优良港湾，海岸线全长154千米。依靠东京湾优良的港湾优势以及政府的合理规划，东京湾区逐渐形成了具有特色、发展全面的两条产业地带，即京滨工业带和京叶工业带。这两个工业带囊括了钢铁、有色冶金、炼油、石化、机械、电子、汽车、造船和现代物流等产业，是全球最大的工业产业地带，也是世界知名的金融、研发、娱乐和消费中心。这两个工业地带可以说是世界上最大最先进、出口实力最强的新型工业地带。工业地带与东京的金融、工业产业、研发等功能紧密互动，使得日本在战后很快成为世界重要的制造业大国、出口工业大国，这是东京湾区能够成为世界综合性湾区的一大成功经验。

---

① 东京湾是一个面向太平洋的优良港湾，它分为东西两侧，东侧是千叶县的房总半岛，西侧是位于神奈川县的三浦半岛，而湾底就是东京的银座地区。通过两个半岛之间狭窄的浦贺水道与西邻的相模湾会合，东京湾与太平洋相连，面积约1320平方千米。

第十一章 东京湾区:"高等教育—经济结构"发展案例

东京湾区的发展奇迹维持至今,也离不开其丰富的高等教育资源。东京湾区内共有高校241所,其中最有代表性的是东京大学。与旧金山湾区的诸多大学不同的是,东京湾区内的高校并不是该湾区早期产业转型升级的重要奠基者,但近些年来,诸多高校通过积极地调整教育与产业的关系,加强应用性研发实力,已经成为新一轮新型制造业和以高新技术为引领的产业领跑者。

一、东京湾区的"首都圈"发展规划

东京湾区的发展起源于17世纪的江户时代,德川家康通过大型的填海造陆运动,在地理空间上扩展了东京湾区的发展范围,使得该湾区成为当时日本最大的物流中心。迄今为止,东京湾区的发展经历了3个重要阶段。

第一阶段为"二战"前。在此阶段,东京作为重要的港口城市和物流中心,汇聚了大量的人口和资金等重要资源,形成了以劳动密集型的轻工业为主的产业结构,尤其是食品工业和纺织工业。但由于基础交通建设的匮乏,东京市区与周边城市的经济联系受到了严重限制。到19世纪末期,该地区的交通仅有由两条铁路构成的环线状铁路框架。在这一阶段,东京湾区呈现的是以东京为核心城市的单核多线格局。第二阶段是20世纪60年代至20世纪80年代。这一时期,东京开始实施工业分散战略,开始将高污染的制造业向东京周边城市转移,带动周边城市的快速发展,而东京则集中优质资源,从资本密集型逐步向知识技术密集型转变。在这一时期,东京湾区较为发达的经济也带动了交通的快速建设,东京湾区开始通过网络化的轨道交通系统与周边城市相连,几个重点城市开始依托自身优质港口优势来进行差异化发展。因此,此阶段东京湾区呈现多港联动格局。第三阶段是20世纪80年代至今。在这一阶段,东京已经成为一个规模庞大、功能齐全的国际金融中心,神奈川以工业与物流为主导,埼玉成为副都与交通枢纽,千叶以商务与货运为主导,而东京都的铁路交通网络已经覆盖其周边区域,44条轨道交通线路纵横交错,形成"单中心+环线"的湾区交通网络,东京湾区内城市之间、港口和城市之间逐步形成良性互动,空间结构呈现单核多中心的布局。

日本政府非常重视东京湾区的中长期发展规划,尤其在经济发展、产业结构、港湾建设、国土开发、交通建设等方面制定了一系列跨区域协调发展规划。在行政管理上,东京湾区的主要开发管理和协商机构是东京湾港湾联协推进协议会。该协议会由日本国土交通省关东地方整备局港湾空港部牵头,由东京湾所有的地方政府共同参与,协议会事务局设置在横滨市。除此之外,各海运公司和港区开发公司、沿港工厂企业也共同参与了东京都港湾振兴协会。

由于日本国土面积狭小,区域经济发展不均衡,日本政府较早意识到国土综合利用的重要性。明治维新以后,日本经济发展先后经历了"产业立国""贸易立国""技术立国"三个阶段。在这三个阶段的发展中,东京湾都充分发挥其在环太平洋地区上的区域优势,极大地推动了日本工业化和现代化进程。为消除经济发展的二元结构问题,从20世纪60年代开始到21世纪初,日本政府先后制定了5次国土开发政策:1950年的《国土综合开发法》、1956年的《首都圈整备法》、1968年的《中部圈整备法》、1977年的《第三次全国综合开发计划》、2000年的《国土审议会令》。从日本5次国土开发计划来看,日本的区域发展战略不仅研究了社会基础设施、生活和文化设施的建设,还重点考虑了自然环境的保护问题,引导地方和企业的投资方向,避免盲目建设。

1960年,日本推出《东京规划1960——东京结构改革的方案》,逐步构建并不断完善湾区法律保障体系。20世纪60年代,日本开始实施"工业分散"战略,形成东京湾区分工明确、协同发展的产业布局体系。1999年,日本制定"第5次首都圈"基本计划,再次强调了东京作为首都的职能,同时采取制造业外迁的"工业分散"战略,在一定程度上解决了东京都的人口膨胀问题。1960年、2006年、2011年、2014年,日本相继推出《东京规划1960——东京结构改革的方案》《10年后的东京——东京将改变》《2020年的东京——跨越大震灾,引导日本的再生》以及《创造未来——东京都长期愿景》等专项湾区规划,通过具有延续性、可调整的统一规划实现经济的深度融合。

东京湾区对于港口的规划发展,是放在国家战略层面来进行的。1951年,日本政府制定和颁布了《港湾法》,明确规定由中央政府来制定全国港口的五年发展规划,对全国的港口进行统筹规划,并明确了整个国家港口发展数量、规模和政策的关系,而各港口管理机构则在五年规划范围内制定各自发展的年度预算和规划。1961年,日本政府制定了《东京港修订港湾计划》,将东京湾的年吞吐量提高至1400万吨。1967年,日本政府在《东京湾港湾计划的基本构想》中,提出了"广域港湾"的概念,将东京港、千叶港、川崎港、横滨港、横须贺港、木更津港等有机整合,主张港口群进行集体协调规划,以保障整个港口群的最大利益。目前，东京湾区内六大港口之间形成了明确的职能分工：东京港为输入型港口，以内贸为主；横滨港为国际贸易港口，输出重工业产品；千叶港负责能源进口和工业出口；川崎港负责原料、成品的进出口，为企业专用港口；木更津港运营地方商港和旅游业；横须贺港则主要为军事港口。

东京湾区规划另一成功之处是对于交通网络的整体规划布局，以缓解人口流动的压力。目前，东京湾区是日本大规模高密度的人口分布地区，常住人口为3400万～3700万，约占全国人口的30%。东京湾区对临海人口进行优化分布管理，从紧邻港湾地区逐步向内陆扩散和延伸。日本政府常用DID指标（densely inhabited district），即每平方千米4000人以上连片的密集人口地带，来衡量城市人口的分布情况和城镇化水平。目前DID人口比率，东京都已高达98.2%，东京大都市圈也达89%（日本全国为67.3%）。与此同时，东京湾区也是日本铁路、公路、管道和通信最为密集的区域。该区域分为东京内环线（山手线）和外环线（武藏野—南武）两条环形线路，东京市内拥有6条新干线、12条JR线、13条地铁、27条私铁、其他轨道交通线4条，共计62条。特别是20世纪60年代日本新干线的贯通，不仅实现了东京与其他城市的无缝对接，更加速了人口的大聚集，促进了服务业和知识经济的兴起。

二、东京湾区的产业集群

东京湾区是日本的经济金融中心，聚集着多所企业总部和大量的劳动力。在产业分布方面，湾区主要发展第三产业，2015年第三产业GDP总量占湾区整体GDP总量的70%以上，其中从事联络生产与贩卖的中间商与零售行业、房地产行业、制造业、餐饮酒店和医疗福利行业占比最高。同时，东京都和神奈川县学术研究、科学技术等研究行业也是其主要产业之一。与第三产业相比较，东京湾区的第一产业经济总量只占整个湾区经济总量的不足1%。

东京都经济总量位居日本第1位。2015年东京都名义GDP为104兆3千亿日元（8686亿美元），占全国GDP总量的19.6%，实际经济增长率为1.8%，人均GDP为67 437美元。第一、第二、第三产业GDP总量分别占总体的0.045%、13.741%和86.214%。从事联络生产与贩卖的中间商与零售行业，研究开发、广告、商品租赁、学术研究、非营利自然人文科学研究机关行业，房地产行业，通信情报业和金融保险业为前五大产业，GDP占东京都GDP总量的

20.18%、11.77%、11.21%、10.73%和8.6%。

东京湾区，尤其是京滨工业区集聚了大量具有技术研发功能的大企业和其下属研究所，如NEC、佳能、三菱电机、三菱重工、三菱化学、丰田研究所、索尼、东芝、富士通等。东京湾区还聚集了包括富士胶卷公司、富士通、兄弟工业、理光公司、佳能公司、FANUC、奥林巴斯、日立、本田汽车、JATCO、三菱电机、三菱重工、索尼、TDK等20家世界百强创新力企业，数量远多于旧金山湾区（共8所）和纽约湾区（共1所）（表11-1）。《财富》2018世界500强榜单中，来自东京湾区的世界500强企业有38家，位居四大湾区之首。日本2018年总共只有52家世界500强企业，可见东京湾区的强大实力。

表11-1 2012年全球创新力企业（机构）百强在三大湾区的分布

湾区名称	企业名称
东京湾区	日本富士胶卷公司、日本富士通公司、日本兄弟工业株式会社、日本理光公司、日本佳能公司、日本发那科株式会社（FANUC）、日本奥林巴斯、日本日立公司、日本本田汽车公司、日本捷特科株式会社（JATCO）、日本三菱电机公司、日本三菱重工公司、日本信越化学工业株式会社、日本索尼公司、日本TDK公司、日本东芝公司、日本NEC公司、日本丰田汽车公司、日本新日铁和住友金属、日本电话电报公司（NTT）、美国超微、美国Altera、苹果、谷歌、英特尔、Marvell
旧金山湾区	SanDisk、赛灵思
纽约湾区	美国Avaya公司

资料来源：鲁志国，等：《全球湾区经济比较与综合评价研究》，载《科技进步与对策》，2015年第11期。

东京湾区产业发展铸就的奇迹，很大程度得益于其产业空间规划所采取的集群发展模式，其主要特点是强调专业分工和错位发展，为其最大化利用各个城市优势、突破地域面积狭小和人地关系紧张等奠定了基础。所谓错位发展，从地区经济发展来看，就是各个地区扬长避短，培育各自的优势，在优势产业和领域做大做强。一是实现宏观上的错位，避开周边发达地区产业发展的强势，形成独具特色的产业群体；二是实现与其他县区的错位，避免产业结构趋同与重构。一体化并不意味着同一化，一体化的内在要求是在区域间建立起更加统一、开放的市场体系，把区域合作上升到产业协同调整的高度，实现区域间的分工与协作。实施错位发展旨在加强优势整合，竞争力的关键在于特而强。早在20世纪60～70年代，东京湾开始执行"工业分散"战略，即将机械电器工业向周边地带疏散，将东京都转型为高端金融、贸易和高新技术的聚集地。20世纪80年代后，京滨和京叶两大工业区开始成为重点发展知识密集型产业的地带。在政府合理引导与市场充分发挥主体调节功能的双重作用下，在京滨和京叶这两个仅10 000米长和6000米宽的工业地带上，所产生的工业产值占据了日本全国的40%。而港口职能分工也早在1967年制定《东京湾港湾极化的基本构想》时就逐步建成，东京港、千叶港和川崎港等7个港口被成功整合为"广域港湾"。

三、东京湾区的创新高等教育集群与经济发展

东京湾区高校众多，人口受教育程度很高。目前东京湾区共有高校241所，其中东京都国公立大学16所，私立大学138所；神奈川县国公立大学4所，私立大学28所；埼玉县国公立大学2所，私立大学26所；千叶县国公立大学2所，私立大学25所。2016年高校在校生共117万人。此外，东京湾区QS世界大学排名前200的有3所，前500的有6所，分别为第28位的东京大学，第56位的东京工业大学，第192位的庆应义塾大学，第203位的早稻田大学，第367位的东京医科齿科大学和第423位的一桥大学（表11-2）。

表11-2 东京湾区大学世界排名（2018）

大学名称	QS世界大学排名
东京大学	28
东京工业大学	56
庆应义塾大学	192
早稻田大学	203
东京医科齿科大学	367
一桥大学	423

数据来源：世界大学学术排名QS，2018。

东京湾区中，有两所高校是积极参与产学合作的重要代表，分别是东京大学和东京工业大学。东京大学是典型的综合型大学，学科建设扎实，运用自身顶尖的研究能力推进地区产业发展。东京大学产学合作的一个特点在于其受托研究和共同研究的对象侧重于公共团体、国家/国际机关和政府，由于此类对象

具有明显的公共性,其所托付的科研成果一半会有利于整体经济社会的发展或公共事业的进步。东京工业大学以工程技术与自然科学研究为主。2003年该校成立了产学协创推进部门,2004年制定了东京工业大学知识产权政策,这两个重要举措都有效地促进了大学在创新创业中的引导作用。

除高等教育外,日本的职业学校教育也十分发达,包括短期大学、高等专门学校、专门学校和技术科学大学四大类。2017年日本共有337所短期大学,其中公立17所;27所高等专门学校,其中公立24所;3172所专门学校,其中国公立197所。三类职业学校2017年在校生数分别为123 949名、57 601名和655 254名,专门学校是职业学校中数量最多,在校生人数最多的学校类型。据统计,2017年专门学校共向社会输出毕业生275 150名。2016年专门学校的学科类型多为文化教育类、医疗类和卫生类,占比为29.7%、23.7%和14.1%。在东京湾区,短期大学、高等专门学校和专门学校分别有74所、4所和718所,在校生28 591名、4751名和212 897名。

东京湾区的高等教育集群,就是学术研究和科学技术机构的集群。目前,在东京都和神奈川县聚集着大量的研究机构,据统计,2014年东京湾区共有研究机构2118个,占全国的32%,其中东京都和神奈川县研究机构数量位列日本第一和第二,这与湾区高校云集,有着大量优秀的硕士、博士毕业生有很大关系(表11-3)。大学和国立研究机构不仅可以为研发企业提供科技人员的来源保证,也为企业提供了大量的科研成果。近年来,大学科研成果转化数量和专利数量都得到极大的提高。2000年,日本大学的成果转让专利数仅为125项,到2007年就增长到4390项,7年时间增长了35倍。其中,东京湾区内的东京大学在2017年申请专利数为229项,位列日本全国首位。

表11-3 2014年东京湾区的研究机构

	东京都	神奈川县	千叶县	埼玉县	合计	全国
机构数量(个)	1139	491	253	235	2118	6633
日本排名	第一	第二	第八	第九	占全国32%	

数据来源:2014(平成26)年经济普查基础调查报告。

东京湾区的高等教育之所以能够成为创新研发的核心,主要在于学校内部进行了一系列有助于推动创新研发的政策和制度调整。

第一,各大国立大学逐步成立独立法人机构,拥有独立的行政权力。对内建立多个科技创新管理体系和部门，如企划管理部门、知识产权部门、产学合作部门、知识产权审查委员会、运营委员会和风险投资审查委员会等，各体系、部门之间分工明确，且多由大学副校长或者理事来担任部长。

第二，诸多高校均成立专门的专利转让机构，主要承担高校科技成果转化前期准备和转化后的后续工作，即专利申请前对科技成果进行筛选、挖掘、评估；开展专利保护、寻求专利买方市场，负责转化后的利益分配等。具体包括：组织协调大学研究人员与技术转化专业人员共同研究企业提出的技术性问题；对有意向应用高校科技成果的企业提供专业技术，介绍专业研究人员开展技术指导；对有意向申报国家和各团体资助的研究项目的大学和企业，派遣专业人员向校企提出合作方案，进行多方协调；为校企双方提供广泛的交流平台，召开各种研讨会，介绍科技成果数据库，以形成产学研合作良性关系。日本东京大学尖端科学技术孵化株式会社是日本政府于1998年批准的，由东京大学有识之士集资注册的第一家新型科技转让机构。2004年大学改制后，东京大学法人率先与本校科技转化机构协商，各出资50%共同经营尖端科学技术孵化株式会社，使东京大学尖端科学技术孵化株式会社成为个人与高校法人联手经营的一家以株式会社注册的转化机构。

第三，诸多高校均实行合理有效的激励机制，激励学术机构和个人的创新研发激情。日本各高校制定了详细的知识产权转让和许可收入分配办法。据统计，所有高校中，分配给发明者比例最少的学校为40%，最多的达80%，50%及以上的占了90%。

特别需要指出的是，日本湾区的高等教育机构尤其注重加强与企业之间的合作。为促进学术研究与社会、产业相结合，1981年，日本科技厅和通产省确立产学官三位一体的科研体制，并在这之后设立政府相关部门、颁布相关法律以鼓励大学、研究机构与企业共同进行研究。同时，通过在大学设立共同研究中心和技术转移机构，促进尖端科技领域的产学合作。具体历史过程见表11-4。

表11-4 日本教育创新集群政策的历史过程

年 份	政 策
1982	日本学术振兴会成立"综合研究联络会议"和"研究开发专业委员会"（促进学术研究与社会结合）
1983	文部省建立"国立学校与民间企业等的共同研究制度"，在学术国际局设置"研究协作室"（促进产业界与大学合作）
1986	制定《研究交流促进法》（国立研究机构的设施向企业研究人员开放），《科技政策大纲》（鼓励国立研究机构研究人员到企业共同参与研究）
1987	文部省在神户大学、富山大学和熊本大学设立三个地区共同研究中心
1996	制定《科学技术基本法》（把产学官合作作为基本国策）
1998	制定《大学等技术转让促进法》（日本科技发展史上第一部以转化大学科技成果为宗旨的法律。强化高校科技成果转化，解决高校科技成果转化率低的难题），建立能充分发挥桥梁纽带作用的专门机构——大学科技转让机构（TLO）
2000	制定《产业技术力强化法》，在大学设立技术转移机构，建立加快尖端科技领域产学合作新制度（鼓励企业长期委托国立公立大学进行研究开发）
2001	每年召开产学官合作负责人会议和产学合作促进会议
2002	制定《产学官合作促进税制》
2004	日本政府对国立大学进行改制，实施法人化制度（扩大了国立大学法人的自主权，允许大学参与科技转让事业的发展。法人与个人联办和学校法人独办的转化机构比例增加）
2006	《知识产权推荐计划》（提出积极推动大学为科研中心，并促使科研成果向民间及企业转让或许可，为此而提出组建更多的科研成果转让中介机构，政府对这些机构给予财政和税收方面的支持）

第十二章　世界湾区高等教育发展的经验与启示

目前，世界三大湾区已经分别形成各自特色，纽约湾区拥有"金融湾区"的名号，是世界金融的核心枢纽与商业中心。东京湾区被称为"产业湾区"，是日本工业产业最为发达的地带，也是世界500强企业集聚程度最高的地区。旧金山湾区有"科研湾区"的美誉，引领美国乃至全球诸多高端科技创新发展潮流。与一般性湾区相比，世界三大湾区内都有跨区域性的协调规划，谋划了高度发达的产业系统和分层次的高等教育系统对接。同时，产业与高校之间形成了官方/非官方的相互支撑、互相渗透的生态发展模式，也正是因此，湾区经济才能催生出强大的产业集聚和经济引领效应。

一、世界湾区发展基本特征

湾区经济是当今世界重要的滨海经济形态，优越的地理区位、繁荣的港口经济、优良的产业结构、高密度的对外贸易、良好的金融生态环境、超强的创新研发能力，使得由沿海港口城市集合所构成的湾区经济成为全球经济的重要组成[①]。从某种意义上来说，湾区经济即一个国家内部经济快速发展的表现，是历次经济结构转型的引领标志。纵观世界一流湾区中旧金山湾区、纽约湾区和东京湾区的发展特征，虽然其产业发展重点多有不同，但是都利用自身具备的优越条件形成了独特的产业发展模式。从其成功的共性来说，都具备以下基本特征：

第一，世界一流湾区均具备一定规模的体量。按照均值测算，纽约、旧金山、东京湾区的陆地面积为2.54万平方千米，常住人口2500万，人口密度为900人/平方千米，港口年吞吐量为500万标准集装箱，机场旅客年吞吐量为1亿人次，GDP产出1.4万亿美元，在全球范围内都属于高密度、高产出、高流量的超级发达地区。从产业结构来看，第三产业的占比较重，均在80%以上，都已成功实现从第二产业到第三产业的产业升级和转型，其中代表产业和企业则是根据自身具备的条件进行择优发展。例如，纽约湾区的金融行业集中了世

---

① 李睿：《国际著名"湾区"发展经验及启示》，载《港口经济》，2015年第9期，第5-8页。

界一流的金融投资机构摩根大通、高盛集团等;旧金山湾区则以苹果、微软、谷歌等形成了创新发展引领的"硅谷";而东京湾区则基于重工业发展形成了世界级的佳能、三菱重工等(表12-1)。

表12-1 世界一流湾区横向指标对比

世界一流湾区	粤港澳大湾区	纽约湾区	旧金山湾区	东京湾区
陆地面积(万平方千米)	5.65	2.15	1.79	3.68
常住人口(万人)	6765	2340	760	4383
GDP(万亿美元)	1.35	1.6	0.8	1.8
土地价值(亿美元/平方千米)	0.24	0.74	0.45	0.49
人口密度(人/平方千米)	1197	1088	425	1191
人均GDP(万美元)	2.0	6.8	10.5	4.1
GDP增长率(%)	7.35	3.51	2.70	3.61
地区GDP集中度(%)	12.50	8.87	4.31	38.43
第三产业比重(%)	77.57	89.35	82.76	82.27
全球金融中心指数	755	780	724	740
100强大学数量(所)	4	2	3	2
世界500强企业(家)	16	28	22	60
最具创新力企业(家)	4	3	8	20
港口集装箱吞吐量(万标箱/年)	6247	465	227	766
机场旅客吞吐量(亿人次/年)	1.85	1.30	0.71	1.12
海外游客人数(万人)	169	5200	1651	556
代表产业	金融、电子、互联网、航运	金融、港口、计算机	电子、互联网、生物	装备制造、钢铁、化工、现代物流
代表企业	华为、腾讯、招商银行、大疆、万科、富士康、长江实业、澳娱、汇丰银行	摩根大通、摩根士丹利、高盛集团、花旗集团、IBM	思科、英特尔、朗讯、苹果、惠普、微软谷歌、甲骨文、FACEBOOK	佳能、三菱电机、三菱重工、东芝、富士通

数据来源:粤港澳大湾区研究院,wind,地方政府统计局。

第二，各大湾区都拥有跨区域的合作协调机构和以可持续发展为目标的合理规划。世界一流湾区均是跨城市、跨区域的地区发展，城市之间如何分工配合，如何携手共建实现经济效益最大化，都考验着各地之间的默契和政府的规划协调能力。其成功的一个重要特质之一就是出台区域性的行政发展规划，也是湾区发展的整体框架。区域性的行政规划可以打破城市之间各自为政的既定行政规划对跨区域经济融合造成的限制与障碍，也可以有效防止城市的短视行为成为湾区长期有效发展的阻碍。具体而言，国土部门、交通部门、产业部门等对区域发展都有各自角度的布局和规划，各城市也有自己的布局和规划，这些城市相互之间有着多种形式的沟通机制，对城市发展中的问题会采取会议协调的方式。而保持区域建设的长期性和协同性，又主要依靠跨区域的协调机构。例如，东京湾区最早从1956年由日本国会开始制定《首都圈整备法》，从法律层面为东京湾区的开发建设提供了保障，之后在接地开发、工业发展、绿地保护等方面，陆续出台了一系列的补充性法律。除此之外，日本还在1960年、2006年、2011年和2014年推出了《东京规划1960——东京结构改革的方案》《10年后的东京——东京将改变》《2020年的东京——跨越大震灾，引导日本的再生》以及《创造未来——东京都长期愿景》等专项湾区规划，通过具有延续性、可调整的统一规划来实现经济的深度融合。纽约湾区是通过纽约湾区规划协会，从1929—2017年先后4次对纽约湾区进行了区域规划，范围涉及经济、社会、人文、自然等方面的综合发展，并兼顾不同群体间的利益平衡。就算是政府干涉较少的旧金山湾区，也建立了一些区域治理机制，包括旧金山湾区政府协会、大都市交通委员会、湾区空气质量管理区、湾区保护和开发委员会，等等，推动湾区在基础设施、生态保护等方面协同管理和发展。值得一提的是，湾区委员会除了协助进行区域内协调，也会开展区域与外界协调。

第三，各大湾区均是以自由贸易和经济全球化为前提的制造业合理布局，并形成大的产业集群带，在城市间形成"雁阵布局"的区域协同发展。例如，东京湾区的京滨、京叶两大工业地带以东京为中心，分别向环抱东京湾的两侧延伸。这种布局将工业地带与东京主要城区大体量人口进行了一定的隔离。从世界级三大湾区的横向对比来看，纽约湾区是全球金融、文化和传媒中心，拥有全球市值第一的纽约交易所和全球市值第二的纳斯达克交易所，金融保险业占比高达20%。旧金山湾区的服务业，尤其是金融、媒体信息、高科技知识在行业发展中占有举足轻重的地位。东京湾区是以工业城市群和金融中心、国际航运中心闻名，拥有全球市值第三的东京证券交易所，占日本证券交易总量的80%。从协同发展来看，世界级湾区一般都是以一到两个城市作为核心区，其他城市作为辅助外围区，同时在核心区与外围区之间形成产业分工的"雁阵布局体系"①。雁阵布局体系当中是由头雁扮演经济增长点和发动机的角色，形成高端要素和高端产业的高度集聚，而群雁则承接产业转移和配套设施的功能，本质是形成区域内产业链条闭环，追求产业竞争优势的协同攀升和梯度转移，最大限度地发挥产业链上下游环节之间的协同效应。

第四，世界一流湾区均具有完善的基础设施。世界上的大湾区都是由超级都市集群演化而来，都是核心城市的吸附和辐射作用带动周边地区协同发展。伴随着城市之间的深度融合，港口与港口、城市与城市、港口与城市、沿海与腹地之间互动紧密。城际轨道、高铁、高速公路等交通设施使得人流、物流、资金流、技术流等要素在最短的时间内完成跨区域的集聚与配置，同时航运、通信、金融等领域也实现了高度一体化。

第五，世界一流湾区均形成了创新性国际化人才聚集和一大批高水平的科研教育机构的高等院校集群。世界一流湾区近年来对高等院校数量、人才培养以及人才引进方面的重视程度远远超过了其他地区，形成了高端人才、高科技成果、高端产业"三高联动发展"局面。从高等院校集群来看，高校的技术、知识和研究产出不仅适用于地区，也适用于全国乃至全球，但地理空间上的接近性在高校与产业的关系中依然占据重要地位②。因此，在湾区有限的空间范围内往往分布着由许多高水平大学集聚而形成的"高校群落"③。

二、世界一流湾区发展趋势

世界一流湾区的发展形成，基本都是依托于自身优越的地理空间条件、入海口的港口区位优势等先天便利条件，并先后历经了"港口经济""工业经济"

---

① 申明浩、杨永聪：《国际湾区实践对粤港澳大湾区建设的启示》，载《发展改革理论与实践》，2017年第7期。
② 经济合作与发展组织：《高等教育与区域：立足本地 制胜全球》，清华大学教育研究院，译。高等教育出版社，2012年。
③ 阎光才：《城市社会中的高校群落现象透视——兼析美国城市高校分布格局的人文生态》，载《教育研究》，2003年第5期。

"服务经济"到"创新经济"4个阶段的演进过程。纵观其历史发展过程,世界一流湾区都抓住了三次科技革命的历史机遇,并充分整合和利用自身有利资源,实现了产业的转型升级,并最终形成以中心城市为核心和周边区域为腹地支撑的开放型经济体系。纽约湾区、旧金山湾区和东京湾区既是世界一流湾区的典范,也是充分把握第三次科技浪潮的典范。

从发展历程来看(表12-2),湾区经济的发展都先后历经了"港口经济""工业经济""服务经济"到"创新经济"4个阶段的演进过程,具体表现为:①从自由贸易引发航运、物流的兴旺;②全球制造业转移带动了临港工业尤其是制造业的崛起;③全球资源配置带动产业升级,催生了一批新兴的服务业形态,临港工业开始出现大规模产业转移,工业在湾区城市经济中的比重逐渐下降;④新一代信息技术革命引发了创新经济的繁荣,湾区逐渐形成以信息产业为主导,经济活动范围拓展到更广区域。在这一过程中,湾区劳动生产率上升、土地集约度提高,湾区的比较优势产业逐渐从劳动密集型产业向技术、资本密集型产业转移。

表12-2 系统动力学下港口演变与湾区经济演变的对应关系

港口演变	港区经济的对应阶段	时间	主要特征
第一代港口	港口经济	1950年以前	服务功能以装卸运输为主导,经济活动范围局限于港区内部
第二代港口	工业经济	1950—1980年	以临港工业为主导,经济活动范围向港区拓展,湾区城市迅速发展成为制造中心
第三代港口	服务经济	1980—1990年	以服务业为主导,航运金融、服务业等快速发展,经济活动范围拓展到周边城市,湾区核心城市成为区域或全球资源配置的重要节点
第四代港口	创新经济	1990年后	以信息产业为主导,港口供应链、信息服务等快速兴起,经济活动范围拓展到更广区域,形成区域多个中心共同发展格局

数据来源:伍凤兰、陶一桃、申勇:《湾区经济演变的动力机制研究》,载《科技进步与对策》,2015年12月第32卷第23期。

世界一流湾区4个阶段的不断演变过程,不仅仅是经济提升的过程,不同的产业经济发展也存在不同的交互演变过程。最为重要的是，港口发展的重点从港口城市、工业、临港服务业到创新经济形态。在这个过程中，港口的基础性功能在湾区发展中的作用被不断地弱化，而城市服务更加独立，并且服务型经济、创新型产业发展速度不断加快。在其基础之上，湾区经济的内涵不断丰富，功能领域不断拓展、调整优化，以逐步形成辐射范围更广、发展实力更强、对世界影响更大的区域经济。

从发展特性来看，世界三大湾区的高等教育形成了各自独特的集群发展模式（表12-3），纽约湾区形成了"多中心+轴线"式大学集群发展模式，旧金山湾区形成了"多中心互补式"大学集群发展模式。这两大湾区主要基于丰富的高校资源，例如纽约湾区聚集了常春藤盟校、小常春藤盟校等诸多世界顶尖或美国一流的高水平大学，但二者最大的不同在于旧金山湾区具有独特的经济发展模式和文化模式，与科技型产业集群营造了知识资源共享的氛围，即所谓的"互补式"发展模式。东京湾区则形成了"中心+边陲"式大学集群发展模式，以东京作为"单级"并逐渐培养周边核心区，形成从中间向周围辐射式的发展模式，而诸多研发和企业公司也建立了"总部+基地"的合作关系[1]。

表12-3　世界一流湾区高等院校集群模式

湾区	发展模式	地理范围	集群名称
纽约湾区	多中心+轴线	10个州、31个县市联合组成，以波士顿、纽约、费城、巴尔的摩、华盛顿等5个为城市核心	常春藤盟校（Ivy League） 新常春藤盟校（New Ivies） 小常春藤盟校（Little Ivies） 公立大学集群 私立大学集群
旧金山湾区	多中心互补式	旧金山、半岛、南湾、东湾、北湾五大区域，以旧金山、奥克兰市、圣何塞市为核心	南湾"硅谷"大学集群 旧金山大学集群 周边南加州洛杉矶大学集群 周边西部大学集群 社区学院集群

---

[1] 阎光才：《城市社会中的高校群落现象透视——兼析美国城市高校分布格局的人文生态》，载《教育研究》，2003年第5期。

续表 12-3

湾区	发展模式	地理范围	集群名称
东京湾区	中心+边陲	"一都三县"——东京都、埼玉县、千叶县、神奈川县	超级国际化大学集群（super global university） 国际化人才大学集群 研究型大学集群

数据资源：欧小军：《世界一流大湾区高水平大学集群发展研究——以纽约、旧金山、东京三大湾区为例》，载《四川理工学院学报（社会科学版）》，2018 年第 33 卷第 3 期，经作者整理。

从其发展共性来看，世界三大湾区都借助扎堆聚集的高水平大学和研究机构而发展，并在政府和市场的双重作用下，引入创业企业群体，使之最终形成大学、研究机构和创新企业等多个相关群体高度融合的生态系统。高等教育集群是近些年来区域快速融合发展中出现的现象。一般而言，高等教育集群具有几个方面的作用：①可以实现硬件资源共享，降低办学成本，避免重复投入、重复建设；②可以实现人才和智力的共享；③可以强化高校的知名度和竞争实力，形成良性互动；④有利于高校更好地为地方经济建设服务等[1]。从现实意义上来看，如何使高等教育集群具备以上功能，并在很大程度上发挥优质教育资源集中、优质教育合理配置和优质教育产出等功能，则是未来高等教育集群发展中所需要重点思考的几个问题。

从未来发展趋势来看，世界三大湾区分处于发展的不同阶段，东京湾区和纽约湾区正处于第 3 个发展阶段，即服务经济，是将现代服务业实现全球资源的高效配置，而旧金山湾区利用其"硅谷"的科技发展，正在迈向第 4 个发展阶段，即集中发展信息产业的创新经济阶段。与此相对应的，粤港澳大湾区大致处于由工业经济向服务经济转型的关键阶段，经济效益相对较低，亟待增长（图 12-1）。随着我国发展进入新阶段，经济增长更多依靠科技进步、劳动者素质的提升和管理创新，提高创新能力、加大教育融合、发展教育创新集群是粤港澳大湾区未来发展的一大重心。《粤港澳大湾区发展规划纲要》明确指出，要打造粤港澳大湾区教育和人才高地，并鼓励粤港澳三地合作，建成全球科技创新高地，建设国际科技创新中心。如何破除体制障碍，着重充分发挥粤港澳

---

[1] 闻曙明、施琴芬：《高等教育集群起因分析》，载《江苏高教》，2005 年第 2 期，第 13-15 页。

三地体制和优质的、有层次的教育资源优势,推进三地在高等教育方面开展更深层次的交流合作,实施更高层面的协调发展,共建共享一流的高等教育机构和研发中心,形成更大的发展合力是事关粤港澳大湾区长远发展的关键。

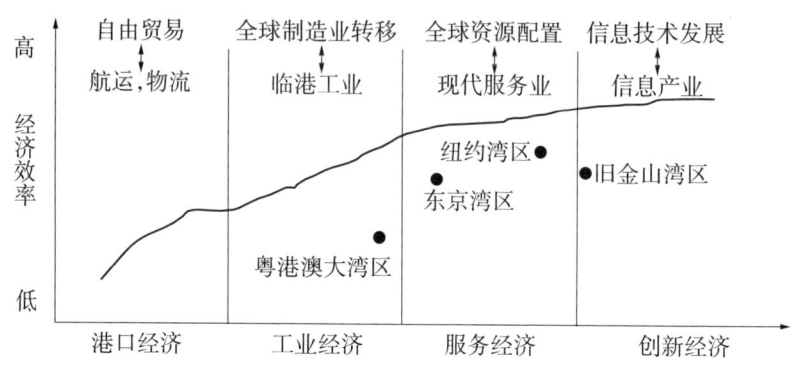

图 12-1 世界湾区经济发展的四个阶段

数据来源:张昱、眭文娟、谌俊坤:《世界典型湾区的经济表征与发展模式研究》,载《国际经贸探索》,2018 年第 34 卷第 10 期。

近年来,世界一流湾区的研究型大学或高水平大学在不断突破传统大学职能,向创业型大学(entrepreneurial university)转型或转变,这已经成为湾区高水平大学发展的一种重要现象。高等教育机构正在表现出极大的适应性,从传统的教学、科研职能向"第三职能"演变,从"只侧重生产和传播知识向专项技术转让和组建公司转变,并与生产部门形成了一种新的组合"[①]。在这种组合当中,高等院校可以获得资金、行业发展理念等现实发展知识和经验,从而促使内部人才培养、学科建设、学术方向等的调整,而相关企业也可以利用高等院校的研发能力,减少自身研发成本。旧金山湾区内的高水平大学即具有很强的创新能力和丰富的创新研究成果,通过科技成果的转化以及学术资本的转化,将大学的知识、成果、专利等转化成现实生产力,真正实现了知识创新与知识应用的统一,成为湾区经济社会发展的"核心助推器"。

随着湾区创新型经济的不断发展,以知识资本化为驱动力的创业型大学成为湾区高水平大学的一种重要发展模式,世界一流湾区高水平大学越来越体现

[①] 亨利·埃兹科维茨、劳埃特·雷德斯多夫:《大学与全球知识经济》,夏道源,译,江西教育出版社,1999 年,第 1 页。

出创业型大学的社会责任,与政府、产业形成良性互动的"三螺旋"结构,其组织特性呈现出鲜明的创业特性,而这也是未来高等教育发展的重要方向。世界三大湾区都经历了天然的地理空间临近和大学、社区文化共通,政府有目的、有意识引导聚集创新,市场作用加剧的有机融合生态等三个阶段。由于不同机构和元素在实现湾区经济发展的目的上达到高度一致,因此可以自发地、不间断地实现各种创新要素的优化互补发展,相互吸收并相互促进。三大湾区的高等教育集群同时也加速了湾区经济从劳动密集型向资本和技术密集型转化,实现了整个湾区的产业升级。

第十三章　粤港澳大湾区高等教育未来发展方向

高等教育作为"知识经济"的发动机,对培养人才、提高国民文化素质和劳动生产率以及提升国家的竞争力具有极其重要的作用。当前,中国政府正在积极地进行"试验性"区域改革,试图让教育与本地社会、经济发展需求有效结合起来,呈现区域化特色。粤港澳大湾区正是在这样的背景下提出的。《粤港澳大湾区发展规划纲要》明确提出:到2035年,大湾区形成以创新为主要支撑的经济体系和发展模式,经济实力、科技实力大幅跃升,国际竞争力、影响力进一步增强。同时,纲要也明确提出支持大湾区建设国际教育示范区,引进世界知名大学和特色学院,推进世界一流大学和一流学科建设。

和其他三个湾区相比,粤港澳大湾区的一个突出特点是:不管是三地教育融合、产业协作,还是共建优质生活圈,都涉及"一国两制三个关税区"的问题。本章将依据《纲要》提出的发展目标,结合大湾区自身情况,参考相关国际经验,从多维度提出粤港澳大湾区教育未来的发展方向与建议。

1. 效仿香港,明确三地大学的角色定位,提倡各院校共展所长、特色发展,提高大湾区资源的使用效率

目前,粤港澳大湾区拥有高等院校175所,其中内地9市有143所,香港特别行政区有22所,澳门特别行政区有10所。从高等教育机构实力来看,粤港澳大湾区呈现出香港"一枝独秀"、澳门"紧追其上"和内地9市中广州"一览众山小"的局面。为了避免大湾区三地高等教育出现各自为政、互相恶性竞争导致资源浪费的现象,建议效仿香港,明确三地大学的角色定位,提倡各院校共展所长、特色发展,充分提高大湾区资源的使用效率。香港教资会发布《香港高等教育:共展所长、与时俱进》报告,指出香港高等教育迈向卓越的关键在于各院校明确并努力发挥自身优势。教资会在具体政策实施过程中,无论是资助院校的选择、拟重点建设学科领域的遴选、经费拨付等都是激励院校明确发展定位,谋求特色发展为核心,充分贯彻了其尽展所长、鼓励特色,把现有的优势学科发展成为卓越学科的基本战略思想,不同高校受资助的学科领域

各有侧重。由于香港各大学在角色、功能、特色上都有着十分明晰的定位，且各大学都有自己独特的理念和使命追求，避免了各校的竞争。

2. 建立和加强"粤港澳大湾区高等教育合作联盟"，促进相互借鉴、优势互补，在一定程度上实现资源共享

目前，三地各院校之间所建立的合作关系和策略性联盟，其层次和深入程度在整个高等教育界来说未能达到预期效果，现行运作机制也相对孤立、各自为政。由于三地教育特色鲜明、互补性强，存在较大合作空间。例如，香港高等教育的国际化、多元化，高等学校自主办学等，都很值得广东省借鉴与推广。而广东高校在人文学科和科学研究方面的许多优势，也可供香港、澳门所用。

另外，在师资与课程方面，三地可视具体情况，协商制定有关协约、通则，采用长聘、短聘、兼职、交换等形式，或以课程讲授，或以学术讲座，全面推进三地学者的交流，对师资这个重要的资源实现相互支持和资源共享。同时，三地高等教育机构及信息资料机构也应建立相关联系机制，制定和完善资料共享、相互服务的有关通约，以便于三地学者充分利用三地资料与信息资源。同样，在专门的层次上，特别是在有关科学研究、学术领域，三地对口机构和人员若能合作共享三地信息、资料，势必对开展有关研究特别是关于三地更加紧密的经贸联系、社会文化联系方面的研究工作，是十分有益的。在体制上可以取长补短，相互学习；联合办学，合作科研，实现专业学科优势互补；共享师资、图书、信息、实验室和科研设备等资源；加强高教理论研究的合作；等等。建设粤港澳各高校之间跨越选课，一旦条件成熟，三地高校可考虑互相开放课程，供有需要的学生进修学习，这样可以充分发挥三地课程之所长，而且这种开放课程对选修学生而言不仅是专业学习，亦是一种通识学习，对学习可能会有事半功倍的效果。当然，三地学生跨校选课须以相应的学分管理系统为保证，三地高校应实现学分互认，可以采取更为灵活的学分计算方法。香港各院校正在推行和建立一个以学分累积及转移为基础的学历架构，以方便学生的转移和流动。这种学分累积和转移制度与灵活的弹性学制相配合，为学生的跨越学习提供保证。另外，学生之间多种形式、经常性的交流联谊十分重要，三地学生在不同的社会制度、教育模式下成长，在思维方式、心理特征、行为模式等方面存有明显差异，加强交流不仅可以增进相互了解，也是对学生心智的陶冶和视野的开阔，对健全其人格、提高其综合素质有极大的好处。

3. 未来办学模式应当更为明晰其引进的目的，同时构建特殊的、有效的监督机制

未来中外合作办学模式，应当更为明晰其发展的根本目的在于吸收国外先进的教育理念和思想、先进的管理和制度、先进的课程和教材、先进的教育方式和方法，而最终培养具有本土情怀，且高素质、国际化的人才。粤港澳大湾区作为经济发展良好、办学基础雄厚的地区，应当引导高水平、高质量的合作办学机构发挥引领和示范作用，应当重点加强产学研协调创新体系建设，以学科引入、项目合作的方式为主，以教学机构引入为辅，重点在新型和前沿交叉学科上开展合作办学。在引入项目上，应当偏重战略性产业转型升级的需求，依托学校优势学科，重点发展新兴学科和交叉学科，其重点发展的研究领域与方向包括机器人与人工智能、大数据与数据科学、新能源与能效管理、现代生物信息工程、经济金融与物流、新型材料科学等学科。与此同时，中外合作办学模式需要构建特殊的、有效的监督机制。在过去的发展建设中，由于相关制度和监管的缺乏，出现了大量计划外的中外合作办学项目，且在项目质量上出现了严重问题，这也给既有的项目管理遗留了较多的旧账。在政府层面，应当对中外合作办学项目的审批、运作等全方面进行有效监管，包括境外学历学位证书注册认证系统、本科以上中外合作办学机构和项目信息年报制度及定期评估核查制度。同时，建立退出机制，对不符合要求的项目予以警告乃至暂停，建立从准入到退出全链条闭环监管体系。我国引入中外合作办学项目的同时，应当引入董事会（理事会）管理模式，设立教授委员会、学术委员会，发挥其教育和学术事务的具体管理和监管职责。

4. 在人才培养方面，可以效仿新加坡南洋理工大学，尽快调整学科结构，确保大学毕业生供给与大湾区劳动力市场相匹配

从2017年大学毕业生就读的专业来看，广东省高校毕业生集中在管理、工程和文学等领域，香港的大学毕业生主要集中在经济学、工商管理、工程和医学等领域，而澳门的大学毕业生集中于社会科学、商业和法律等领域。随着数字经济的发展，信息传输、软件和信息技术服务业、租赁和商务服务业、批发和零售业、科学研究和技术服务以及文化、体育和娱乐业等"互联网+"产业对人才的需求会大幅度增加，为了满足未来创新产业的需求，三地大学可以根据市场需求在学科建设上做出适当的调整。也可以效仿新加坡南洋理工大学的成功经验，在学生培养方面主要有三个指向，首先是课程建设中的专业指向，南洋理工大学与新加坡国内、国外 3000 多家企业和组织开展全日制课程项目合作，将企业的专业化发展需求带到课程设置中，将学生专业技能培训与市场发展有机融合。二是在教学过程中的实践指向，主要体现在学校在教学内容设置中，抛弃了原本的本本主义和教条主义，增加了对学生实践能力的培养，并丰富了学生在相关企业当中的实习经历，实现了知识和技能之间的转换。三是学生交流中的国际化指向，新加坡本身市场发展有限，其人力资源的培养必须融入国际化市场需求当中。对此，南洋理工大学增加校内留学生比例，带动本地学生的国际化意识，同时鼓励学生参加国际交流项目，并对优秀的学生提供奖学金，这使得南洋理工大学的培养既本地化又国际化，也为后期外来人才的引入和本地人才走出去的双向人才交流奠定了基础。

5. 发挥大湾区大学在各个学科的优势，充分挖掘他们研发的潜力，并建立有效的企业合作机制

粤港澳三地在地理位置上虽然比较靠近，但三地在教育资源方面存在着巨大的差异，各个大学在相关领域优势也不一样。从 2019 年 QS 世界大学排行榜来看，香港的大学在科学相关学科方面得分特别高，包括工程技术、信息系统和计算机科学等。其中香港大学共有 33 个学科进入世界排名前 10 位；香港中文大学有 41 个学科进入世界排名前 100 位，除此之外，更有 4 所大学跻身世界前 50 位。相比之下，内地的大学还有很大的距离。中山大学有 18 个学科进入 ESI 全球排名前 1%；华南理工大学有 9 个学科进入 ESI 全球排名前 1%；暨南大学有 8 个学科进入 ESI 世界排名前 1%。中山大学的社会政策和行政学科进入世界前 100 位，21 个学科进入世界 500 强；华南理工大学的 11 个学科进入世界 500 强。国家应发挥各大学在相关领域的优势，充分挖掘这些高校在教育、研发和高端服务业方面的潜力。在与企业合作方面，可以借助各地的优势开展合作，由于香港高校的基础研究实力更适合大湾区行业的创新需求，因此香港可以负责最初的研发阶段，而大湾区内地 9 市专门负责商业化的后期阶段，这将是比较好的合作模式。比如深圳市大疆创新科技有限公司（DJI-Innovations，简称 DJI，是世界领先的消费者/商业无人机设计和制造商），它的成立是香港科技大学与深圳市合作的突出例子，2006 年香港科技大学的一名毕业生及其导师开发第一代商用无人机，并成立了大疆公司，由于香港的高租金及营运成本，以

及深圳有利的融资架构和产业政策,他们就将大疆公司搬到了深圳。

6. 明确大湾区各城市职能定位,根据区域优势,为产学研合作创造最优化配置

粤港澳大湾区要寻找并形成自己的核心产业特色,并且是"多核"驱动发展,实现区域协同和集聚发展,这将是大湾区未来的重点。当前,粤港澳大湾区各城市规划了各自的未来产业,但多有重复、同质,整体仍然在重构、调整过程中,除了深圳的电子信息产业较为发达,其他城市并未形成自己的特色,湾区整体产业结构也未明确。从区域产业发展视角看,广州作为国家中心城市,有条件统筹珠江两岸产业带发展,整合区域资源。在珠江西岸技术密集型产业带内,广州需要大力推动制造业结构升级、布局优化和产业链整合延伸,做大做强汽车制造、电子产品、重大装备制造等产业,建立具有国际竞争力的先进制造业基地,整体提升在全球制造体系分工中的地位;同时应集中资源发展新一代信息技术、生物工程技术、海洋工程等新兴战略型产业,促进产业转型升级。在珠江东岸知识密集型产业带,重点发展东部沿江地区,促进地区制造业继续升级,强化对珠三角东岸的服务带动功能。同时,依托广州高技术研发优势,发展新兴产业和高技术产业,优化"广州服务",发展商务休闲、教育培训、文化创新等现代服务业。

粤港澳大湾区的传统制造业和高端先进制造业都较为成熟,具有成为全球领先湾区的良好潜力。然而,大湾区的东岸城市、西岸城市和港澳的产业结构分布差异明显。东岸城市由于深圳的许多高科技公司,包括华为、腾讯、中兴和比亚迪以及计算机、通信和其他电子设备制造业占据主导地位,因此拥有比西岸城市更多的发明专利、PCT专利和DWPI专利。东岸城市在高端制造业中具有优势,这是其创新增长的动力。西岸城市虽然教育和研发能力很强,但经济以传统制造业为主,迫切需要进行结构升级。香港和澳门在教育、研发和高端服务业方面表现强劲。橡胶和塑料制品业以及计算机、通信和其他电子设备制造业的大多数机构都在香港。澳门则拥有大部分商业服务业的创新机构。

因此,未来大湾区应根据自身区域优势,对产业合作进行最优化配置。比如,香港可以成为国际创新中心,在研发活动方面与大湾区其他城市建立更紧密的联系;同时香港作为金融和科技中心,可以利用自身丰富的国际经验,为大湾区提供物质和资本,将大湾区与世界联系起来。而大湾区其他城市也应该

结合各自环境区位特点，找准定位，为大湾区产业合作创造最优化配置，如广州可充分挖掘其基础研究优势，深圳可利用市场创新优势，澳门可借助旅游业经验，东莞和佛山等地可继续发挥制造业优势等。

7. 追求高质量的、分层次的、目标明确的人才汇聚；优化海外人才落地后的发展环境，引留并重，同时也要避免大湾区内部的人才大战

未来大湾区的人才引进计划，应当拓展对于创新型人才的界定，将核心人才（创新科技直接相关）和支撑型人才（管理行业、金融行业等）分开，有针对性地进行人才的鉴定、引入和相关管理。在人员聘用和晋升上，要重点解决如何激发人才的工作积极性和创造性，形成对人才需求的快速反应机制，例如，与科研产出和经济绩效挂钩的评价体系、动态考核机制等管理制度。目前大湾区内城市能够凭借其良好的国际化营商环境以及颇具竞争力的引才投入来获得具有回流意向的海外人才青睐，但却鲜少制定回流人才后续培养的相关政策，容易造成人才流失。因此，对于已经回流的海外人才，建议跟进对人才引进后的持续培养。一方面，健全人才及团队落地的服务跟踪机制，扩大"一事一议、一人一策"的政策适用范围。各城市人才部门应联合人才单位就每一位海外高层次人才的落地应享待遇和有待解决的问题建立"跟踪回访机制"；除向每一个海外创新创业团队的入驻提供基础配套之外，也要向新创企业提供成果转让、研发合作单位推荐、产品市场拓展、融资、法律以及优惠政策要点宣传和帮扶等服务；就每一个青年潜力型人才的发展环境进行关注和优化，包括职业发展环境和生活环境，优化青年人才工作环境和发展平台、扩大及稳定对青年人才持续发展的支持力度，以及落实青年人才来粤的福利待遇等。另一方面，成立粤港澳大湾区海外高层次人才协会，将重点领域、新兴领域的战略科学家、青年人才、创新创业团队一并纳入协会管理，以定期主题论坛、讨论会、文娱活动等形式为人才间的交流创造机会，便于不同领域的海外高层次人才实现未来的产业互动。此外，建议依托《粤港澳大湾区发展规划纲要》中对各城市的战略定位和发展目标，进行大湾区内异质化产业项目统合布局，以项目—人才形式进行人才引进，避免核心城市间的同质化人才竞争；结合城市经济实力和人才环境，进行人才梯队划分，避免弱势城市与核心引才城市间的人才争夺；探索大湾区内海外高层次人才共享机制，内部城市间充分利用区域优势探索"人才飞地"模式，借力"外脑"服务发展。通过门户网站的人才信息公布，城市

可以就其重点发展项目进行柔性引才,充分利用人才假期进行跨区域的项目指导,以盘活粤港澳大湾区的海外高层次人才存量。

8. 借鉴欧盟经验,探索可能的政策改革

将三种不同的系统合在一个区域内是困难的,需要强大的政治意愿和丰富的资源。为了达到集聚效应,需要在"一国两制"框架内协调这些系统。虽然近年来三地建立了粤港、粤澳合作联席会议制度,相关职能部门也建立了沟通机制,成立了一批专责小组,形成了比较完善的跨界治理体系,但还是远远不够。欧盟国家间的高等教育合作经验,是值得我们借鉴的。比如在国家层面,可以建立超区域教育行政机构,负责大湾区高等教育合作的组织协调。可以设立粤港澳大湾区教育基金,用于粤港澳高等教育区的筹划与建设。尽可能使国民教育统一化,即便有些困难。在地方层面,可以构建粤港澳高等教育区,大湾区内高校间的学生学历互认,在满足考核条件的情况下三地学生就读选择自由、毕业生就业自由以及教员流动自由。在粤港澳重点学科计划方面,三地高校中至少3所大学间联合开设高品质硕士/博士课程,据笔者所知目前已经开展。在粤港澳合作研发策略方面,成立大湾区科技研究委员会进行跨境统筹创新研发活动。在紧缺型高层次人才引进计划方面,明确区域人才需求,建立有竞争力的引才留才标准。

总之,教育是社会经济进步、经济发展不可或缺的重要因素。我们需要从今后二三十年粤港澳经济社会发展前景来统一考虑粤港澳高等教育的布局和分工合作,逐步实现珠江三角洲、粤港澳的高等教育一体化。当然,大湾区的高等教育也不能局限在大湾区,必须跳出大湾区,面向整个中国及亚太地区。在大湾区发展过程中,我们从社会、经济发展的需要以及财力上进行考量,建议采用突出重点的发展战略,也就是在不同的阶段制定不同的发展重点。比如未来十年,大湾区着力发展高等教育,接下来着重发展职业教育,再接下来发展基础教育,等等。在突出重点发展的同时,对其他方面的教育也不能忽视,因为教育系统的各子系统本身就是相互联系、互为基础的。

此外,三地间的教育合作是一个系统、长期的工程,需建立一个稳定的、多层面的沟通机制以及各种政策支持。同时,不能将整个教育分割开来,各自制定发展战略或规划,而应该对高等教育发展战略与其他类型、层次的教育发展做多维度的研究与规划,既要考虑这些问题相互之间的影响和联系,避免造成顾此失彼的情况,又要兼顾三地教育系统的融合。

附 录

附表1 四大世界大学排名指标体系

观测点		二级指标	USNEWS	THE	QS	ARWU
主观		声誉调查	12.50%（全球）	15%（教学）	40%（学术）	—
			12.50%（区域）	18%（科研）	10%（雇主）	—
客观	师资队伍	生师比	—	4.50%	20%	—
		获诺贝尔奖和菲尔兹奖的教师折合数②	—	—	—	20%
		高被引科学家数③	—	—	—	20%
		①②③④⑤得分的师均值	—	—	—	10%
	教育教学	获诺贝尔奖和菲尔兹奖的校友折合数①	—	—	—	10%
		博士学位授予数	—	—	—	—
		师均博士学位授予数	—	6%	—	—
		博士学位授予数/学士学位授予数	—	2.25%	—	—
	科学研究	在 *Nature* 和 *Science* 发表论文的折合数④	—	—	—	20%
		发表论文数量⑤	10%	—	—	20%
		师均发表论文数	—	6%	—	—
		学术著作数	2.50%	—	—	—
		会议论文数	2.50%	—	—	—
		前10%高被引论文数	12.50%	—	—	—
		前10%高被引论文比例	10%	—	—	—
		ESI前1%学科领域的高被引论文数	5%	—	—	—
		前1%被引论文所占出版比例	5%	—	—	—
		论文总被引数	7.50%	—	—	—
		师均论文引用数	—	—	20%	—
		篇均被引次数	—	30%	—	—
		标准化引用影响力	10%	—	—	—

续附表 1

观测点		二级指标	USNEWS	THE	QS	ARWU
客观	国际合作	国家教师/国内教师	—	2.50%	—	—
		国家学生/国内学生	—	2.50%	—	—
		国际学生/总学生数	—	—	5%	—
		国际教师/总教师数	—	—	5%	—
		与国际作者共同发表的研究论文比例	5%	2.50%	—	—
		国际合作论文所占比例/所在国家国际合作论文比例	5%	—	—	—
	其他	师均学校收入	—	2.25%	—	—
		师均研究收入	—	6%	—	—
		创新发明以及咨询促进产业发展而取得的科研收入	—	2.50%	—	—

数据来源：2017 年世界大学排名榜相关指标体系综述，http://fzgh.upc.edu.cn/_upload/article/files/fc/50/11de5d8942a39efb3b459f201206/d279fa8c-e254－4d5a－a39e-5e5f119f68b1.pdf.

附表2　广东省中外合作办学及内地与港澳合作办学项目及机构

中外合作办学机构	1. 中山大学中法核工程与技术学院
	2. 中山大学—卡内基梅隆大学联合工程学院
	3. 暨南大学伯明翰大学联合学院
	4. 深圳北理莫斯科大学
	5. 广东以色列理工学院
	6. 东莞理工学院法国国立工艺学院联合学院
内地与港澳合作办学机构	1. 北京师范大学—香港浸会大学联合国际学院
	2. 香港中文大学（深圳）
中外合作办学项目	1. 中山大学与法国格勒诺布尔管理学院合作举办工商管理博士学位教育项目
	2. 南方医科大学与葡萄牙里斯本工商管理大学合作举办公共卫生政策与管理博士学位教育项目
	3. 广东工业大学与印度韦洛尔理工大学合作举办动画专业本科教育项目
	4. 华南农业大学与爱尔兰都柏林大学合作举办生物科学专业本科教育项目
	5. 广东外语外贸大学与英国雷丁大学合作举办英语教育硕士学位教育项目
	6. 广州商学院与美国贝尔维尤大学合作举办物流管理专业本科教育项目
	7. 华南理工大学广州学院与美国乔治亚州托马斯大学合作举办宝石及材料工艺学（珠宝鉴定与营销）专业本科教育项目
	8. 天津大学与美国佐治亚理工学院合作举办电子与计算机工程硕士学位教育项目
	9. 北京师范大学珠海分校与加拿大圣玛丽大学合作举办金融学专业本科教育项目
	10. 北京大学与新加坡国立大学合作举办西方经济学专业硕士研究生教育项目
	11. 华南师范大学与英国阿伯丁大学合作举办金融学专业本科教育项目
	12. 北京师范大学珠海分校与德国品牌学院－汉堡传播与管理应用科学大学合作举办视觉传达设计专业本科教育项目
	13. 北京大学与新加坡国立大学合作举办企业管理专业（金融工程）硕士研究生教育项目
	14. 北京理工大学珠海学院与美国布莱恩特大学合作举办会计学专业本科教育项目
	15. 清华大学与美国约翰霍普金斯大学合作举办公共卫生博士学位教育项目
	16. 广东外语外贸大学与葡萄牙科英布拉大学合作举办葡萄牙语语言文学硕士学位教育项目

续附表2

中外合作办学项目	17. 北京师范大学珠海分校与德国柏林斯泰恩拜斯大学合作举办数字媒体技术专业本科教育项目
	18. 中山大学与美国明尼苏达大学合作举办高级管理人员工商管理硕士学位教育项目*
	19. 广州大学与法国昂热大学、尼斯大学合作举办旅游管理专业本科教育项目*
	20. 广东外语外贸大学与英国利兹大学合作举办英语教学硕士学位教育项目*
	21. 华南师范大学与澳大利亚南昆士兰大学合作举办商学学士学位教育项目*
	22. 广东技术师范大学与英国哈德斯菲尔德大学合作举办教育管理与发展学士学位教育项目*
内地与港澳合作办学项目	1. 北京大学与香港中文大学合作举办金融学专业硕士研究生教育项目
	2. 北京大学（汇丰商学院）与香港科技大学合作举办工商管理硕士学位教育项目
	3. 清华大学与香港中文大学合作举办工商管理（金融与财务方向）硕士学位教育项目

备注：*为根据原《中外合作办学暂行规定》依法批准设立和举办，经复核通过并补办中外合作办学许可证和中外合作办学项目批准书的中外合作办学机构和项目。

数据来源：中华人民共和国教育部 中外合作办，http://www.crs.jsj.edu.cn/aproval/getbyarea/7.

附表3 深圳虚拟大学园重点实验室服务平台成员

成员名称	入驻时间
深圳北航检测电池安全实验室	2015年9月17日
数据活化（智慧城市）深圳重点实验室	2015年9月14日
先进计算机应用技术教育部工程研究中心（深圳分中心）	2015年9月14日
创新智能计算中心	2015年9月14日
机械工程研发中心	2015年9月14日
深圳市中药药学及分子药理学研究重点实验室	2015年9月14日
食物安全及科技研究中心	2015年9月14日
智能高分子医用材料研究中心	2015年9月14日
可持续城市建设研发中心	2015年9月14日
光子传感研究中心	2015年9月14日
品牌战略及创新中心	2015年9月14日
制造装备数字化国家工程研究中心深圳分中心	2015年9月8日
下一代互联网接入系统国家工程实验室深圳分室	2015年9月8日
图像信息处理与智能控制教育部重点实验室深圳分室	2015年9月8日
大数据实验室	2015年9月6日
晶体材料国家重点实验室深圳基地	2015年9月6日
国家糖工程技术研究中心深圳研发中心	2015年9月6日
上海交通大学环境岩土工程研究中心	2015年9月6日
国家能源智能电网（上海）研发中心	2015年9月6日
上海交通大学RFID与物联网研究所	2015年9月6日
软件工程国家重点实验室深圳研发中心	2015年9月6日
浙江大学电子服务研究中心深圳现代服务研究所	2015年9月6日
信息内容分析技术国家工程实验室深圳研发中心	2015年9月6日
生物地质与环境地质国家重点实验室深圳环境生物技术研究中心	2015年9月6日
浙江大学广东技术转移中心	2015年9月6日
电子科技大学—香港城市大学光纤传感与通信联合研究中心	2015年9月6日
先进结构材料研究中心	2015年9月6日
生物医药科技中心	2015年9月6日
信息与通信科技中心	2015年9月6日
先进交通信息系统研发中心	2015年9月6日

续附表3

成员名称	入驻时间
国家多媒体软件工程技术中心深圳研发中心	2015年9月6日
测绘遥感信息工程国家重点实验室深圳研发中心	2015年9月6日
武汉大学（深圳）心理健康管理研究所	2015年9月6日
轻合金精密成型国家工程中心深圳分中心	2015年9月6日
上海交通大学中美物流研究院深圳分院	2015年9月6日
深圳市无线宽带信号传输与处理技术重点实验室	2015年9月6日
深圳市生物医用材料及植入器械重点实验室	2015年9月6日
深圳市光机电一体化重点实验室	2015年9月6日
深圳市工业应用分离技术重点实验室	2015年9月6日
深圳市电子设计自动化（EDA）与网络应用技术重点实验室	2015年9月6日
深圳市电化学储能器件重点实验室	2015年9月6日
深圳市创新中药及天然药物研究重点实验室	2015年9月6日
南京大学科技发展中心	2015年9月6日
激光研究示范中心	2015年9月6日
国家防伪工程技术研发中心深圳分中心	2015年9月6日
深圳市复合材料重点实验室	2015年9月6日
深圳市电子电力及电力传动重点实验室	2015年9月6日
互联网软件及海量信息计算研究所	2015年9月6日
运动控制应用技术实验室	2015年9月6日
深圳市智能媒体与语音重点实验室	2015年9月6日
深圳市系统芯片设计重点实验室	2015年9月6日
深圳市环境模拟与污染控制重点实验室	2015年9月6日
信息内容分析技术国家工程实验室深圳研发中心	2013年5月16日
深圳市海岸与大气研究重点实验室	2013年3月13日
深圳市环境模拟与污染控制重点实验室	2013年3月13日
先进技术研究所	2013年3月13日
生物医学研究中心	2013年3月13日